富につながる「まえがき」

〝あなたはいやでも、豊かになるようになっている！〟法則はいたってシンプル＆効果的☆だから、好きなだけ望んで下さい

ここには、〝無限の供給源〟という尽きぬ豊かさの宝庫である「宇宙銀行」から、〝お金を好きなだけ引き出す〟という、なんとも贅沢《ぜいたく》で幸せな豊かさにあずかる秘密があります。

その秘密が働く不思議な現実が、実際にあるのだということを知ったならば、誰もが、いまよりもっと、楽に、豊かになれ、エンドレスで富の循環する、感動的な人生を叶えていくことになるでしょう！

そして、本書こそ、それを、楽しくあなたにお伝えするものです！

実は、本書『宇宙銀行から好きなだけ♪お金を引き出す方法』は、２０１３年に発売されたものです。おかげさまで当時それはすぐにＳＯＬＤ　ＯＵＴ！　その内容の実践者からは、さまざまなうれしいご報告をたくさんいただきました。

また、「宇宙銀行」という、わたしの閃《ひらめ》きによりつけたこのインパクトあるタイトルの言葉は、やがてひとり歩きするものともなり、いまなお、多くの人たちの間に広がっています。

そのせいか、それ以降も、何年もの間、本書への興味ある問い合わせは止まることなく続いており、「ならば！」と、遂に、今年（２０２４年）、こうして、「復活新版」として、再び、世に出すことになったのです!!

それも、これも、皆さまのおかげです。本当に、ありがとうございます！

新たな顔で再会できますこと、また、今回、初めて本書に出逢っていただけますこと、本当にうれしい限りです。

さて、お金に関する本は、わたし自身、作家活動20年の間に、たくさん書いてきています。それなのに、この本だけが、なぜ、これほどラブコールを受け続けてきたのか？

いや、そりゃ、答えは、誰も皆、「宇宙銀行」につながりたいからでしょう♪

ただ、それだけで、わくわくするではありませんか。

しかも、自慢ではありませんが、本書には何一つ難しいことは書いてありません。かんたんすぎてごめんなさいよ。

しかし、最も肝心な〝正しい望み方〟のコツはしっかりあります！

〝正しい望み方〟があるからこそ、オーダーは宇宙に正しく通り、結果も正しくもたらされるというわけです。

さて、いつでも、**宇宙は、必要なお金やあらゆる形の富や豊かさを、あなたの日常のどんな回路からでも、誰からでも、どこからでも、いくらでも与えてくれます。**

そう、あなたが正しく望んだならば！

というわけで、ここから「宇宙銀行」とつながり、好きなだけお金を引き出す秘密について、お伝えしましょう！

本書「復活新版」には、旧書には掲載していなかった新たな内容も加筆していますので、新たな気分で、お楽しみいただけることでしょう♪

2024年　3月

ミラクルハッピー　佳川奈未《よしかわなみ》

✴復活新版✴「宇宙銀行」から好きなだけ♪お金を引き出す方法☆

目次

Chapter 2☆

ぐんぐん、お金を惹きつける人になる☆

あなたの「金運」をアップ！　幸せなお金持ちになる方法

Chapter 3 ☆

Chapter 4☆

カバーデザイン　吉原遠藤
本文イラスト　宮原あきこ

Chapter 1 ☆

宇宙銀行のおもしろいシステムをみる♪

正しくご利用いただけるなら、
お金を無制限でお引き出しいただけます

お金を好きなだけ手にする秘訣

その気になるだけで、お金はいくらでもあなたの人生にやってくる！

もし、あなたに、いくらでも、好きなだけ、必要なお金を差し出してくれる、〝無限の供給源〟という「宇宙銀行」があるとしたら、いったい、いくらくらいのお金を望みますか？

いつでもどこでも経済的自由を守られ、優雅で贅沢でリッチな人生を送れるのだとしたら、また、どんな富を築くことも可能だ！　としたら、どのくらいの豊かさを、叶えたいですか？

好きなだけを望んでも、まったく枯渇することのない尽きぬ富の源泉である、そんな「宇宙銀行」と、つながっていられるとしたら、どうでしょうか？

きっと、あなたは、それを望まないなんて、ありえないでしょうし、受け取れ

るだけ受け取ろうとするでしょう！　しかも、よろこんで♪

そして、実際、そうなるのです！

しかし、この世の中には、「好きなだけお金を使えたら、どんなにいいだろう」「お金に何不自由しない人生だったら、どんなにいいだろう」「恍惚とするほどの贅沢な人生があったら、どれほど素晴らしいだろう」と思う人は、多いものの、それを叶えている人は、少ないものです。

それは、いったい、なぜでしょうか？

ズバリ、それは、その人たちが、本当には望んでいないからです。なんとなくそう思っているだけだからです。想像ではなく、空想（浮かんでも、シャボンのように一瞬で消えるもの）だからです。そこには、自分を突き動かす、わくわくする感情すら、入っていないからです。また、息ができなくて、苦しい人が、「早く空気を吸いたい！　息がしたい！」と、空気を必要とするほどには、切実にお金を望んでいないからでしょう。

あるいは、「お金や豊かさや贅沢を望むのはよくない」と否定的に思っていたり、「望んだところで、自分が望む大金を手にすることは難しいだろう」などと、望む前から、あきらめてしまっていたりするからです。

しかも、そういう人たちは、**お金は必死で稼ぐものではなく、まわってくるものであり、与えられるものであり、望めば応えてくれる〝無限の供給源〟という宇宙の豊かさの宝庫＝「宇宙銀行」が、あるということを、知らないからです。**

お金や豊かさを好きなだけ受け取りたいなら、素直にそれを認め、切に、あるいは、わくわく望み、「受け取る」と、決めればいいだけだったのです！

決めるとき、あなたは「受け取る」という意図を持ったことになり、その「意図」は、エネルギー化され、宇宙に放たれ、キャッチされ、自動的に応答を受けることになります。

ちなみに、「宇宙銀行」は、この現実世界という三次元の世界にはありません。
それは、目に見えない世界、エネルギーの領域にあります♪

そのエネルギーの領域につながるには、エネルギーを通してしか、方法はありません。

つまり、**「宇宙銀行」とつながり、そこから好きなだけお金や豊かさを受け取りたいというのなら、あなたの「意図」（思い・感情・イメージ）というエネルギーを通して、つながるしかないのです！**

あなたが何かを望み、それを「意図」するとき、あなたは、「宇宙」＝目に見えない世界、エネルギーの領域という、原因の世界、現象化のおおもとの世界に一瞬でつながることになり、そこを自らさわっていることになります。そうして、そのことの「結果」をこの現実の世界に引き寄せることになるわけです♪

望むこと（意図すること）なしには、宇宙を動かしようがなかったのです。

さて、おもしろいもので、人は、お洋服やバッグや家をほしいと望むことや、手に入れたい！　と意図することには、なんら疑問や抵抗感や罪悪感を持たないものです。望むと同時に、それを受け取ることも、当然のことのように考えるものです。

ところが、お金や富や、豊かな人生を叶えることについては、なぜか、抵抗感や罪悪感を持ってしまったり、「無理かもしれない」と思ってしまったりするもので、望みはするものの、叶うとは信じられなかったり、手に入るとは、思えなかったりすることがあるのです。

しかし、洋服を望むのも、お金を望むのも、同じです！

宇宙にとっては、あなたにワンピース1枚もたらすのも、札束をもたらすのも、同じなのです！

というのも、**宇宙は、あなたが望み、受け取れる！　と、思っているものを、**

ただ、与えるだけだからです！

しかも、宇宙は、あなたがなにを望もうとその程度や規模すら問わないので、たとえば、あなたが、「わたしには、せいぜい、安物のワンピース1枚手に入れるくらいが関《せき》の山よ」とするならば、その程度のものが、「わたしには、年収1億円がふさわしいわ♪」とするならば、その大きな規模を、そのまま受け止め、叶えてくれるだけです。

あなたが知らなくてはならないことは、あなたは、〝限られた世界〟にのみ、住んでいるのではなく、心を通して〝無限の世界〟に、〝なんでも可能な世界〟に、住んでいるということです！

あなたが住み、つながっている世界である宇宙は、〝無限の供給源〟＝〝尽きぬ富の宝庫〟であるからこそ、あなたが、バッグや洋服を望もうと、お金や、富裕な暮らしを望もうと、なんであっても、快く叶えることができるのです！

それを知っているのと、知らないのとでは、この人生で手にする豊かさには、雲泥《うんでい》の差があります。

さて、ならば！　と、〝無限の供給源〟である宇宙に、望みを伝え、さっそく「宇宙銀行」からお金を引き出したい♪というならば、まずは、そのシステム＝〝ご利用ガイド〟の特徴を知っておきましょう。というのも、知らないものは利用できないからです。

次の項では、わくわく気になるその「宇宙銀行」の〝ご利用ガイド〟について、みていきましょう♪

宇宙銀行のご利用ガイド☆
望まれるほど、与えます♪

なんと！　お得意様には、
素晴らしい特典もご用意しております

ここでは、好きなだけお金を引き出すことのできる「宇宙銀行」のシステムである〝ご利用ガイド〟の特徴について、どうぞ♪

《「宇宙銀行」支店長からのご案内☆》

いつも、「宇宙銀行」富裕層支店をご利用いただきありがとうございます。

当銀行は、あなたというお客様からのご要望により、成り立っております。

それゆえ、あなたからの「望み」「願い」を多くいただくほど、ありがたく存じます。

また、日頃のおつきあい度も重視させていただいておりまして、日頃より、

「豊かな考え」を率先してお預けいただける方には、地上でのさまざまな豊かなサービスや出来事をご提供させていただいております。
また、当「宇宙銀行」の貯蔵庫を潤すことになる「よろこび」「感謝」「信頼」を頻繁にお預け入れしていただいております〃お得意〃には、様々な形で人生への高配当や、幸運の複利、ラッキー現象のおまけ等を、ご用意させていただいております。

さて、当「宇宙銀行」は、あなたからのお金に対するご要望を、〃自発的に、申し出ていただく〃ことで、「お引き出し」させていただくシステムとなっております。

特に、書き込む「お引き出し用紙」はございませんので、望むこと=意図を通して、必要なお金の金額や、豊かさの規模を、遠慮なくお伝えくださいませ。
また、当「宇宙銀行」のシステムは、24時間、いつでも、世界中どこにいらしても、ご利用いただけるものとなっております。

あなたさまからのご要望が入り次第、その金額がいくらであれ、どんな大きなものであれ、よろこんでお引き出しの手続きに入らせていただきます！

そのお引き出し金のお支払いルートは、あなたの現実世界のあらゆる可能性の回路である人・物・事を通して、日常的に手にしていただけるようになっております。

それゆえ、お金が、どこからきても、誰からきても、どんな理由やシチュエーションからきても、すべて「宇宙銀行」の支払いルートからだと、ご理解いただけますと、幸いです。

なお、たとえば、あなたが、「お金が必要!! 宇宙さん用立ててください!!」と「宇宙銀行」にご依頼された際に、地上にて、あなたにまわらせたお金は、さしあげたものとなっております。

決して、「お借り入れ」ではございません。それゆえ、もし、なんらかの形で、「これは宇宙からいただいたお金だから、いつか、返さないと！」と思ってくださる場合でも、こちらへのご返済の必要はございません。
そのような尊い思いは、どうぞ、あなたの豊かな考えや言動として、人さまや社会に還元《かんげん》いただけましたら、幸いです。

また、あなたが、自分を救い自立させ、そのうえ、人や社会に奉仕したり、なにかを助けたり救うような、有意義な形でお金を使って活躍しておられる地上のご様子を拝見した際には、その行為により、充分、「徳」が積まれているもので、あなたのポイントと株がぐんと高まります。
そのあかつきには、その「徳分」がまた「宇宙銀行」に貯まっていくシステムとなっておりますので、ご利用可能キャパと奇跡枠が自動的に拡大されます♪

そして、その「徳分」から、さらに大きなお金を、頻繁に、引き出せるようになっていきますので、必要なときは、遠慮なく、いつでもお申し出ください。

なお、あなたが、「お金が必要！　引き出したい！」と、まったくご要望されない場合は、ご要望のある他の方々へ、優先的にお支払い手続きを取らせていただきますこと、あらかじめご了承くださいませ。

もし、自分のところに、「お金がまったく入ってこない！」「いまなお金欠状態だ！」「早くなんとかしてくれ！　お金に困っている！」という場合には、「宇宙銀行」に、ちゃんとお金を望んだかどうか、いま一度、自分の中をご確認ください。

さて、当「宇宙銀行」は、〝無限の供給〟をモットーとしておりますので、何回でも、回数制限なく、ご利用いただけます♪

なお、日頃からの「豊かな考え」と、「よろこび」「感謝」「信頼」が、大きなお金のご用立てを迅速化するものとなりますので、それらは、日常的にお願いできますと、供給源といたしましては、まことに、ありがたい限りでございます。

また、「よろこび」「感謝」「信頼」をお預けいただく頻度の高い方を〝お得意様〟とさせていただき、ささやかですが、特典をご用意させていただきましたので、ご案内させていただきます。

★『宇宙銀行のお得意様への特典のご案内』

✳「よろこび」「感謝」「信頼」をお預けいただく頻度の高い〝お得意様〟には、無条件に、巨額を築く富裕層ライフへの誘いシステムを宇宙全体を通して、プレゼント♪
プレゼント時期は、あなたが富裕層になる決心のついた人生のベストタイミングで！　と、させていただきます。

✳お得意様には、誰よりも、なによりも、迅速に、必要なお金のお手配を実行いたします！　その際、突然の仕事のオファーやその報酬、自分の価値を生かせることになる出来事や、何らかの形で自分のところにやってきた依頼事、新たな人との出逢いやチャンス到来に、ご注目くださいませ。

そういったものを介して、スピーディーにあなたにお金をお渡しすることになります。

✳︎お得意様には、福利付き・幸運のおまけ付きに加えて、思いもよらぬ幸運の偶然・幸運のシンクロニシティ・才能開花・願望成就・ビジネスチャンスの拡大・商売繁盛のチャンスも、プレゼント♪

✳︎お得意様には、世界で活躍できるほどの、人もうらやむビッグな「サクセスライフ」をお届けします！

今後とも、どうぞ、当「宇宙銀行」を、お引き立ていただけますよう、よろしくお願いいたします。

この3要素で、富は巨万化する！

これをお預け入れするほど、すごいものが与えられる

さて、前項の宇宙システムのところでもお伝えしましたように、次の3要素が「宇宙銀行」に貯まるほど、あなたが引き出せるお金の額、あなたに与えられる善きことは、巨大化します！

それは、「よろこび」「感謝」「信頼」です。

それこそが、宇宙の貯蔵庫をどんどん潤し、満たすものであり、かつ、あなたのために宇宙に確保される富の残高が自動的に増えていくものとなります。そして、必要なときに、必要なタイミングで、スピーディーに、お金がまわってくるようになるものです。

しかも、「よろこび」「感謝」「信頼」は、あなたが現状に〝満足している証拠〟、

つまり、〝いま自分は満たされている〟〝いま、わたしの人生はうまくいっている♪〟という感覚を示すものです。

そして、それゆえ、その通りのことが金銭事情にも起こり、より満足する出来事や状況や金銭状態を、即座に叶えることになるのです！

しかも、「よろこび」「感謝」「信頼」は、〝人も、運も、天も味方する最強のエネルギー〟であるがゆえに、あなたの手にする財産を無条件に巨万化させ、人生を幸運と奇跡で満たすものとなります♪

ちなみに、なにを「よろこび」「感謝」「信頼」するのかというと、それについてあなたの感じるものがそういうものであれば、なんでもいいわけですが。

ここでお伝えするとすれば、次の通りです。

なにを「よろこび」にするのかというと、「いつでも、宇宙という〝無限の供給源〟があり、それは、自分がなにかを望めば、必ず報いてくれる」ということに、です。

また、「自分がいま、ここで、こうして、生かされていること」に対するあらゆることに、です。

「宇宙は全幅の信頼を預けるに値する存在であり、信頼するほど、必ず応えてくれる存在だ！」ということに、です。

そして、「よろこび」「感謝」「信頼」は尊いものだけに、宇宙に預けるほど、それはあなたの〝徳〟として貯金されることになり、お金や富を超えた、壮大で素晴らしい運命を叶えてくれるものとなります！

願い方には、ご注意ください

あなたが必要な金額は、ストレートに！
決して、宇宙をみくびらない

〝無限の供給源〟である「宇宙銀行」に、お金をお願いする際には、あなたが必要とするお金を、遠慮せず、躊躇《ちゅうちょ》せず、正直に、伝えてください。

１００万円必要なら、１００万円を‼　と、最初から、ストレートに！

たとえば、こんな、豊かそうで豊かではない、せせこましいお願いのしかたは、絶対に、やめてくださいよ。

「宇宙さん、実は、わたし、いま１００万円が必要なんです。あっ、でも、無理なら、その半分の50万円だけでもいいです‼　あとの50万円は自分でなんとかしますからぁ～‼」などと。

自分が必要としているお金より少ない金額を、泣きながら、懇願しないでほしいのです。

いいですか！　宇宙をみくびらないでくださいよ。親戚のおやじに怒鳴られるのを覚悟しながら、びくびくして頼むのではないのですからねぇ〜。

100万円をあなたは大金だと思って、びびっているかもしれませんが、また、こんな大金をお願いしてもいいのかと、罪悪感を抱いているのかもしれませんが、宇宙にしたら、あなたになにを願われようが、どうということはありません。

しかも、「半分はなんとかしますから〜」などと、できもしないようなことを言ったり、悲壮感を漂わせたりするのは、もってのほかです。そんなことをしたら、通る願いも通らなくなります。

びびらず、正直に、ストレートに、本当に必要な額を、「宇宙銀行」に、堂々と伝えるのです！　全幅の信頼を寄せて♪　そうでないなら、願う意味すら、ありません。

また、こんなことも、やめてくださいよ。

「今月、あと3万円だけ、なんとかしてください!!」などと。

それなら、実家のお母さんに頼んだほうが早いというもので、宇宙が出る幕でもないでしょう。

申し訳ありませんが、宇宙は小さいことが苦手なんです。小さい規模かつ制限付きのものを叶えるのは、至難の業なんです。なんといっても、大いなる宇宙ですからねぇ〜。

たとえるとそれは、あなたがポルシェに乗っていたとしたら、ちょっとアクセルを踏んだだけで、ビュンと大きな距離が出てしまうのと同じことです。「ポルシェさん、道を10㎝だけ進ませてください!!」というようなことは、厳しいわけです。

宇宙もこれと、同じです。偉大な力を持つ者には、ちまちましたことを言わないでほしいのです。大きく、バーンと伝えてちょうどなのだと、わかっておいてください。

宇宙は、大きな力を発揮するのが得意であり、大金を扱うのも得意です。バーンとあなたの状況を変え、見違えるような人生にするのも得意であり、あなたを感動的によろこばせるのが好きなもの♪

とにかく、１００万円必要なら、ちゃんと、そう、伝えてください。

あなたがストレートに、本当の願いを告げるなら、宇宙もまたストレートにそれを叶えやすいわけですから♪

大きく、大胆に、望みなさい☆その効用

大きな結果を受け取るには、なにを、どういう規模で望むかが重要

「宇宙銀行」の力を借りて、ここから、大きく幸せに豊かになりたいというのなら、やっとやっていけるだけのカツカツのお金ではなく、好きなときに好きなだけ使っても、なお有り余るほどの余剰が出るくらいの豊かさを、大きく、大胆に、よろこばしく、望んでください。

なんなら、自分が豊かすぎて、一人では使いきれないくらいのお金を望んでもいいのです。家族や仲間にもわかちあおう、なんなら、世界中に寄付しよう！というくらいの巨富を♪

ちなみに、「そんな大きなこと、叶うのか⁉」と疑いたくなる人もいることでしょう。自分のいまの給与や会社の事情を思えば、そんなこと無理だろうし、望ん

だところで……はなからムダと決めつけて。

しかし、思い出してほしいことは、宇宙銀行のシステムです！　望むことからしか、なにもやってこないということです！

そして、ここで、わかっておきたいことは、あなたは、会社の事情やいまの自分の給与や決して豊かではないという不満だらけの経済状態を基準に、なにかを望んだり、願ったりするのではない、ということです。

「宇宙銀行」の〝無限の力〟を基準に望むのだということです！　そのとき、あなたの現状など、まったく関係ないのです！

ちなみに、実際、かつて、わたしは所持金9万円しかないときに、「3年以内に印税億万長者になる！」「世界中に小切手で寄付できるほどの成功をする‼」と大胆なことを望んだものです。

まぁ、他人が聞いたら鼻で笑うような話ですがね。とにかく、当時の現状からすると、あつかましくも、ずいぶんスケールの大きいことを思ったものです。

しかし、それは実際、叶ったわけです。

なぜでしょうか？　それは、わたしが特別な人間だからでしょうか⁉　いいえ、そうではありません。

自分の現状ではなく、ここから叶えたい未来をみて、大きく、大胆に、よろこばしく、わくわく、望んだからです！

こんなことは、本当は、誰にでもできます。けれども、誰もそんなふうには大きく大胆には望まないのです。はなから、無理だと思い込んでいるせいで、現状の厳しさに引っ張られ過ぎているせいで。

それは、なんともったいない生き方でしょうか。

さて、**おもしろいもので、人は、大きなお金や成功を望んだとたん、自分の中から、自分でも知らなかったような大きなパワーやアイデアに出逢うものであり、これまでよりポジティブで建設的な言葉や行動力にも出逢うものです。**

そして、そのあなたのエネルギーが、宇宙を動かし、必然的に、結果に導くものとなるのです！

たとえば、前述にもあるように、かつてわたしは「世界中に小切手で寄付する！」というような大それたことを望んだわけです。が、そう望んだからこそ、実現できたことです。

たとえば、「国際送金小切手って、どうやって発行できるのだろう？」という疑問にも出逢い、「知っておかなくちゃ！」という考えにも出逢い、実際に銀行に足を運ぶという行動をすることになり、銀行でちゃんと教えてもらえたから、「お金持ちになったあかつきには、その小切手を使おう！」と、わくわく、うずうず、その場面をイメージできたわけです。

そして、それは、未来の予行演習にもなったのでしょう。

望んだからこそ、その効能として、「結果」に導かれる人生が起こるわけです。

わたしの場合、おもしろいことに、それを叶える途中経過で、ある日、たまたま打ち合わせの席に現れた出版社の社長さまに、その大胆な野望を何気なく話したことで（たわいない雑談として）、「そんなふうに成功したいんだね、君は。ならば……」と、なんと！　その場で1年分の本のオファーをいただくことになったわけですから。

それを思うと、望みや願いを持つことが、いかに、大切なことかを痛感せずにはいられません。また、その望みを知ってくれているからこその、宇宙のパーフェクトな舞台セッティングのしかたには、感動しかありません。

現状がどうであれ、大きく大胆にお金や豊かさを望むことで、あなた自身やあなたのまわりに、さまざまな効能が出現しはじめます！

そして、その途中経過では、あなたの気持ちや言動も、その大きく大胆な望みを叶えるにふさわしい人のものとなるからこそ、当然のごとく、うれしい結果を得られることになるのです！

だとしたら、それは、自力なのではないか？　と、思う人もいることでしょう。しかし、そうではありません。すべては、「宇宙銀行」のなせるわざです！

「宇宙銀行」に、あなたが望むお金や豊かな人生を伝えると、それを叶えるのに必要な他力や恩恵が自動的にあなたの日常に降りてくるようになります。そのとき、あなたの望みを叶えるにふさわしい人や、引き上げてくれるキーマンとの出逢いや、素敵なチャンス、申し分のない仕事、大きな報酬が、思いもよらぬ幸運の流れの中、ベストタイミングで、やってきます！

この、流れとタイミングという「時」の作用は、宇宙にしか生み出せません。それだけは人間自身では生み出せないのです。

さて、**大きなお金を手にする人と、小さなお金しか手にできない人は、はなから望み方が違っていただけだということです。**

そして、あなたが大きなお金を望むとき、同時に、〝尽きぬ富の宝庫〟である、「宇宙銀行」を動かすことになるということです！

いつでも、大きく、大胆に望むとき、望んだ自分もまた、大きく大胆な思考と行動をする人になり、宇宙はそれに反応し、現実にそのお金や豊かさを、あなたの人生のあらゆる可能性の回路から、投入してくれるのです！

いやでも、多めに受け取れます

宇宙は〝多めのご提供〟を得意としております☆楽しみにお待ちください

さて、「宇宙銀行」は、小さなことをするのが苦手で、大きなことをするほうが得意だと、前項でもお伝えしました。

それゆえ、覚えておきたいことは、あなたが「宇宙銀行」になにかしら必要なお金を望んだ際には（請求した際には）、その金額より、あなたは多めを受け取ることになるということです！

なんと、うれしく、ありがたいことでしょう♪

ちなみに、わたしの経験からすると、宇宙銀行に頼んで、必要なお金がやってきたというとき、望んだ金額より少なかったとか、期限が遅れたということは、これまで、一度も、ありません。

そこはもう、宇宙さん、ほんとに、律儀《りちぎ》で、いい仕事をしてくれるものです♪

さて、たとえば、あなたが、「車の購入費500万円が必要!!」と望んだならば、たいがいは、それぴったりの金額より多め、つまり、望んだ金額の1・2倍から3倍以上になるもので、それがふつうのことであるとわかっておいてほしいのです。ときには、10倍以上にもなることがあり、そんなときはもう、驚くというより、笑ってしまいます。

いいですか！　絶対に、望んだ金額を下回ることはありません。それが、宇宙のやり方の特徴です！　そもそも、「宇宙銀行」は、複利付き、幸運のおまけ付きで、あなたの望むお金を地上に降ろすシステムになっているからです！

それゆえ、多めの金額を、よろこんで、受け取ってくださいね。

ただし、ひとつだけわかっておきたいことは、あなたが受け取る金額が、望んだ金額よりちょっと多めになるのか、2倍以上になるのか、はたまた、どかんと10倍くらいの大きなものになるのかは、あなたの「わくわく度」や、「期待度」

や、「信頼度」や「感謝度」によるということです。

また、望むお金が降りてくるまで、〝執着していない〞という、「あっけらかん度」にもよります。

とにかく、必要なお金より、多めのお金を、毎回おもしろいほどきっちり受け取る人になるには、「それは、きっちりなされるはず♪」と、わくわく期待し、信頼し、もう受け取ったものとして、そのあと、あっけらかんとしておくことです。

その態度から放たれるエネルギーこそ、全幅の信頼を示すものであり、宇宙をよろこばせ、やる気にさせ、ちゃんとそうなるようにしてくれるものとなるからです！

そして、お金を待っている間、とにかく、「望んだものは必ず与えてもらえる」と信じ、入ってくるつもりになり、日常のすべきことを淡々としてください。

また、「あっ、そうだ！　あそこに問い合わせてみよう」となにか気になることが浮かんだなら、素直にそうしてみてください。

「あの人に連絡してみようかなぁ」と気になる人が浮かんだら、それも連絡し、会うなら、会ってください。

また、行くべき場所があるなら、そこに行き、すべきことを閃いたならそれもおもしろがってやってみることです。

仕事やお金を得ることに関してなにかを考えていたときに、ふと、浮かんだ新たなアイデアや方法や道筋があるなら、そういうものも、即、採用してみてください。

そうしている間に、宇宙が万事手筈を整え、なにかをあなたの目の前にポンッと差し出してきます。そして、それをきっかけに必要なお金を手にすることになるのです！

ときには、それによって、もうそのお金を自分が用意する必要もなくなり、そのお金で買おうとしていたものを誰かが買ってくれることになるか、譲り受けることになるというような、思いもよらない幸運な出来事がやってきます！

どういうパターンになるのかは、あらかじめ人智で知ることはできません。それは、わたしたちの考えも及ばない宇宙のすることだからです♪

お金は、この感情を嫌って逃げる

入金を邪魔するものは、即刻、手放す！
手放すほどに受け取れる♪

さて、うまく、宇宙銀行から好きなだけお金を引き出したいというのなら、肯定的でポジティブな感情をみかたにつけましょう。

決して、否定的でネガティブな感情を抱いて貧しい気分になり、自分でエネルギー妨害して、邪魔しないことです。

そのためには、日々、自分の感情のそうじをすることがオススメ♪

肯定的でポジティブな良い感情を持ち、自分をいいエネルギーで満たすほど、宇宙銀行からすんなりお金がやってくるようになります！

■いますぐ一掃したい感情は、これ！

金運の大敵である「怒り」の感情は、自分の中にため込まないようにしましょう。怒りは、汚染的で、破壊的なエネルギーであり、お金が一番嫌うものだからです。

✴「怒り」をそうじする

怒りは自分の中から、自発的に捨てること。たとえば、

「わたしはもう怒りたくありません。そんなものを持っていても、自分が一番不快なだけで、なにもいいことはないからです」

「わたしは怒るのをやめます。怒りはわたしの中の良質のエネルギーを壊すだけであり、金運をけちらすものだからです」と。

ちなみに、怒るのをやめなければ、たいがい、その怒りの炎はさらにひどくなり、よけい手がつけられなくなるものです。しかも怒っているとき、その対象の人や物事ではなく、自分自身を攻撃し、やっつけることになり、損するだけです。

人は、怒っているとき、

「あの人がわたしを怒らせた！」「あの人があんなことをしなければ、わたしは平和でいられたのだから、あの人が悪い！」「こういうことさえなければ、わたしも怒らずにすんだのに！」と、思いがちです。

しかし、「怒る」という反応をし、その感情を持つという選択と許可をしたのは、実は、自分なのです。

そもそも、あなたの感情は、あなたの中でしか、生まれたり消えたりできません。誰があなたになにをしようと、どこでなにがあろうと、あなたが、怒りを持たなければ、そんなものは、あなたの中に存在することもなかったのです。

たとえば、こういう反応と感情の持ち方も選択できたのです。

「こんなことで怒るなんて、いやだわ」「怒って気分を害するなんて、まっぴらごめんだわ」「わたしは他人に、こんなことで、心を乱されたくないし、汚されたくもないわ。いつでも平和な気持ちで過ごすと決めている♪」と。そうすれば、たちまち、怒りは消えるでしょう。

✴「不平・不満」をそうじする

豊かさの波動と真逆のものであり、お金がいやがるのが、愚痴・不平・不満の感情。なにかにつけて不平・不満を言っている人は、自分で心を汚し、貧しくしているものです。

ちなみに、自分の器が小さいと、愚痴・不平・不満が多くなるものです。そのとき、金運はしぼみます。

ちなみに、愚痴・不平・不満を、一瞬でそうじできてしまうものがあります。それは「感謝すること」です。

感謝したり、おかげさまの精神を大切にしたりするとき、あなたのエネルギーはクリーンで美しいものとなり、ごく自然に金運を拡大させます！

✴「心配」や「恐れ」をそうじする

心配と恐れは、あなたの感情を重くし、宇宙につながるエネルギー回路を詰まらせ、すべての可能性のドアを閉めてしまいます。

そして、ここから、やってこようとしていた金運まで、遠のかせるものです。
また、心配し、なにかを恐れているとき、その心配していることや、恐れていることを、自ら引き寄せてしまうものです。

だいたい、心配や恐れは、本当は実体のないものです。まだなにも起こっていないうちに、勝手にいやなことや、こうなったら困るということや、最悪のことを考え続けてしまうから、恐怖になるわけです。

心配や恐れがよぎったときには、いつも、お金が入ってほっと安堵する場面、物事がうまくいった結果の場合にフォーカスすること。そうすれば、とたんに、あなたのエネルギーも、状況も、良いほうへと切り替わり、実際に、安心安堵の結果がやってくるものです！

「必要なお金は入ってくる！」「なんとかなる！」「大丈夫！　うまくいく！」と、声に出し、自分と宇宙に、言い聞かせて、不安と恐れを手放しましょう。

✦「悲しみ」「痛み」をそうじする

悲しみや痛みの感情は、自分の中にいつまでも置いておかないことです。それらは、あなたを弱らせるだけでなく、あなたの金運や幸運までも、弱らせてしまうからです。

それらをそうじする最もよい方法は、「このことは、もうすんだこと」だと、自覚することです。

それは、起こった時点で、もう、終わっているのですから。

過ぎてもなお、抱え続けているというのは、お荷物になるだけです。「もう、あなたたちに用はないわ」「さようなら」と、別れを告げましょう。そして、うれしいことや、楽しいことに気持ちを向けましょう。

すると、あなたの抱えているエネルギーが明るく、軽やかなものとなり、宇宙もまた明るく、軽やかに、幸せと豊かさをもたらしてくれるものです。

さて、いつでも、あなたのエネルギーが良質なものになるほど、金運といわず、人生のあらゆる領域が良質なものとなり、より楽に、幸せに、豊かに、生きられるのです！　かんたんにお金をこの現実に出現させてくれるもの！

高額自己投資制度☆積み立て「シーナ」のご案内

これでこそ、後々の人生までも、
豊かに保障されるというわけです♪

さて、ここまで何度かお伝えしているように、「宇宙銀行」は、目に視えない世界、高次のエネルギーの領域にあります。

そこは、**目に視えない世界だからといって、「何もない世界」なのではありません。むしろ、逆で、すべてを創造できる可能性の場であり、あなたの望むものすべてがある無限の領域だからです。**

また、あらゆる財や宝物のある無尽蔵の真空の蔵であり、何でもあなたに与えられる能力を持つ、至福あふれる、サービス満点の素晴らしいフィールドです！

それゆえ、そことつながり、親密になり、いつでも、どこでも、タイミングよく、好きなだけお金を引き出したいというのなら、自分が宇宙に放つエネルギーの質を、よく自覚しておくことです。

つまり、日々、どんな思いや感情やイメージや夢や望みを、自分の中にため込み、積み立てているのか、そこのところをね。

というのも、自分の内側に積み立てたものと同質のエネルギーをあなたは宇宙に放つことになり、それが宇宙にデータ記録されることになり、みあったものをあなたは受け取ることになるからです。

というわけで、そこのところの大切なことを、「宇宙銀行」の持つ制度のひとつである、積み立て「シーナ」として、ご案内しておきましょう！

《「宇宙銀行」支店長から、高額自己投資制度☆積み立て「シーナ」ご案内☆》

「宇宙銀行」富裕層支店より、本日は、当銀行が最も力を入れているものとなるもので、かつ、あなたの人生の後々までもを、豊かに保障することになる「高額自己投資制度☆積み立て『シーナ』」のご案内をさせていただきます。

この、「高額自己投資制度☆積み立て『シーナ』」は、その名の通り、自分自身への高額投資、すなわち、〝時は金なり＝命は時間であり、時間は命であるから、尊い財産であるんだよ♪〟ということがベースとなった、生きることを大切にされる方すべてが契約対象となるものです。

また、自分の内側に、日々、良い思いや感情やイメージや夢や望みを持って、良質のエネルギーを「宇宙銀行」に積み立てされ、宇宙財産となるパワーを殖やしてくださる方々すべてが契約の対象となります。

また、次のような方は、すべて、無条件に、自動契約とさせていただき、その瞬間から、宇宙より、日常へと、さまざまなうれしい幸せな恩恵をお届けすることとなります。

なお、当制度では、元本割れすることも、損することも、ありません。

関西弁でお伝えするのもなんですが、「良いものを積み立てしーな、自分の中に♪　必ず、報われるで！」を特徴としております。

★無条件に「自動契約」となり、デイリーに恩恵お届けサービスを受けられる方

✳自分自身をより良くしようと、心を洗い、清め、浄化し、魂を光らせ、エネルギー＝波動を引き上げ、高まる努力をされている方

✳自分自身を優しく親切に思いやり、他人にもそうあることができる方

✳自分自身の内側に、日々、積み立てている思いや感情やイメージなどの心的態度から派生するエネルギーを、おのずと良質なものにしようとする方

※なお、次のような良質なものを、日々、積み立てていただけるなら、よろこんで、「恩恵増し増し♪」サービスとさせていただきます。

・明るい気持ち・いい気分・うれしい楽しい気分・優雅な気分・
・よろこびの感情・感動・感謝・神仏を尊ぶ気持ち・
・ポジティブ思考・肯定的で建設的な考え・豊かな想像・

・高揚感・満足感・富裕感・自己肯定感・宇宙に対する信頼感・
・おめでたい発想・スケールの大きな発想・寛大さ・愛・慈悲　など

※なお、次のようなものは、積み立て不可。良い配当も恩恵も期待できないことを、あらかじめご了承くださいませ。
・暗い気持ち・いやな気分・不平不満・怒り・不快感・
・ネガティブ思考・否定的で破壊的な考え・貧しい考え・
・嫉妬・ねたみ・うらみつらみ・悲壮感・不信感・宇宙を疑う気持ち・
・絶望的な発想・制限と限界に満ちた発想・エゴや強欲　など

✳

自分を生かし、世に出て、人さまのため、社会のために、
何か役立つことをしたいという尊い気持ちを、常々、積み立てている方。
また、今世ここに生まれてきた自分自身をまっとうすべく、
自分の良さや魅力や価値や才能や可能性を、最大限に引き出し、
尊い生き方をしている方、また、これからそうしようとしているすべての方

※ちなみに、自分を生かし、世に出て、人さまのため、社会のために、何か役立つことをしたいという夢や志は、「大欲」となります。
その「大欲」は、エゴとは無縁であり、〝無欲〟と等しく、かけがえのないものであるから、
神仏や宇宙の恩恵や奇跡が、半端なく降りてくる人生となるのです！

さて、良い思いや感情やイメージや夢や望みを自分の内側に抱くとき、自分の中に〝価値ある財産〟を積み立てたも同然であり、その価値が、高額のお金や豊かさを引き出すためのエネルギーになり、宇宙に届くからこそ、自分の中に、日々、何を積み立てているのかが、とても重要なのです。

たかが思い、たかが感情と、バカにすることなかれ！

それこそが、あなたが宇宙に放つエネルギーであり、宇宙とつながることができる唯一のものであり、自分がこの人生で受け取ることになるすべてを決定するものとなるからです。

ハッピーエンドは、こうしてもたらされる♪

それは、必ず、遂行されます☆
信じて、ほっとしておいてください

宇宙は、あなたの積み立てたものにみあった良いものやお金や望むものをあなたの人生に送るとき、うまく地上で、舞台セッティングしてくれるものです。

そう、タイミング良く〝いい情報〟に出逢わせてくれたり、インターネットや街で、見つけるべきものを偶然みつけさせてくれたり、出逢いたかったすごいキーマンを誰かから紹介してもらえたりするのです。

また、必要な知識や資格を得るための講座を教えてくれたり、何らかの給付金がもらえるようにしてくれたり、あなたを導くことができる人や、助けることができる人、引き上げることができる人や、そういった会社や取引先に、すんなり、連れていってくれます。

そうして、あなたは、自分でお金を生み出すことになるか、一時的にお金を誰かやどこかから融通をつけてもらえるか、なんらかの理由で突然もらえることになるか、臨時収入をつかむことになるかして、望むお金や状態をみごとに叶えてしまうのです！

また、宇宙銀行からお金がやってくるとき、それはなにも、やった仕事の対価を受け取るということだけに、限りません。

ときには、あなたが何気なく、誰かやどこかに差し出したちょっとした親切や、なんらかの手助けやサポート、サービスやアイデア、知恵や知識、なんということなくできてしまう特技や才能によって、思わず人を感動させ、思いもよらぬ幸運の出来事を生み出し、偶然、突然、必然的に、望んでいたお金を受け取ることになるということが起こったりもします。

あるいは、突然、誰かやどこかから何かを依頼されて、それを行った謝礼として、大きな報酬がやってくることもあります。また、思いもよらぬ臨時収入が入ってくることもあります。

ときには、「お金が手に入ったら買おう♪」と思っていたその物自体が、直接あなたにプレゼントされることも。
また、「お金ができたらしよう」と思っていたことが、お金を準備しないままでも可能となる、ありがたい状況が訪れることもあります。

それらは、まさか宇宙がしてくれたことだとは思いもしないほど、日常的で、あなたにとってはふつうの回路からのもので、ごく自然に行われます。しかも、そこには、何ひとつ奇をてらったものはありません。

しかし、思いもよらぬハッピーエンドを連れてくるので、びっくりして、感動して、思わず、「うそでしょ！」と叫んでしまうほど、よろこびます♪
そして、「ねぇ、いったい、わたしに何が起こったと思う⁉　実は、こんなことがあったのよ！」と、思わず人に話したくなるほどです。

それが、宇宙のやり方なのです♪

そして、あなたにも、そういう日がきます！

それゆえ、こう信じて、ほっとしておいてほしいのです。

「望むものはちゃんともたらされ、必要は充分に満たされ、手にしたいものをなんでも手にできる！　そして、わたしは運がよく、とても恵まれた豊かな存在になるのだ♪」そして、「きっと、宇宙は、うまくやってくれる♪」と。


さて、ハッピーエンドのうれしい結果を呼びつけるためには、まだお伝えしておきたい「おいしい秘密」や「効果的な方法」があります。

というわけで、さっそく、わくわく、次の章へと、どうぞ♪

Chapter 2 ☆

ぐんぐん、
お金を惹きつける人になる☆

あなたの「金運」をアップ！
幸せなお金持ちになる方法

お金に対する〝ふつう〟の基準を見直す

これまで手にしていた金額は「これが、ふつうでしょ」というものだった！

人は、誰でも、一度くらい、「お金持ちになりたいなぁ～」「あり余るお金があったら、どんなにいいだろう♪」と思うものです。

そして、いまのお給与に不満を言ったり、どこかの億万長者を見てはため息をついたりするのです。

ときには、「ああ～、天からお金が降ってこないかなぁ～」などと、思いたくなるものです。

しかし、ここで、まず、お伝えしておきたいことは、**いまのあなたが手にしているお給与や、金銭事情は、〝あなたがふつうのこととして望んだもの〟であり、〝まあ、これくらいあれば、いいでしょ〟と、決めたものであり、それに見合っ**

たものになっているということです。

しかし、そうお伝えすると、
「えっ⁉　そんな！　こんな安月給、誰も望んでいないわ！」
「わたしはもっとお金が欲しいと思っているわ！」
と、いうことでしょう。

しかし、**人は、誰でも、〝これがわたしの基準〟として、ふつうに持っている「金銭レベル」にみあった金銭状態やライフレベルを叶えているだけなのです。**

たとえば、お給与が25万円の人は、「まぁ、25万円くらいあったらいいか。これなら、なんやかやと引かれても、手元に20万くらいは残るし……」と、その金額を「よし」として、その会社に入ったのです。

求人広告や就職情報誌を見て、あなたは、自分が「よし」とする仕事を、「よし」とするその金額で、許可したということです。

一方、お給与を１００万円もらっている人もいるものです。それは、「月給１００万円は欲しいよね♪」と、そう思い、それを「よし！」とする人が、その仕事をし、そのお金を手にしているのです。

さらに、この世の中には、月１００万円とか、年収１０００万円とかいうレベルではなく、「億」というお金を受け取っている人もいるものです。その人もまた、それを「よし」とすることで、その仕事をし、そのお金を当然のごとく手にしているわけです。

つまり、いつでも、あなたの金銭事情、豊かさの度合いは、あなたが〝ふつう、これくらいでしょ〟として心の中に持っている「金銭レベル」で決定されていた！　ということです。

あなたがお金に恵まれないのは、決して、会社のせいではありません。あのケチ社長の陰謀でもないのです。悪魔があなたをプアーにし、天使が隣の人を金持ちにしたのでもありません。ついでに、あなたが〝貧しい星のもと〟に生まれたせいでもないのです。

そもそもあなたは、いくらでも豊かでいてもいい星のもとに生まれてきた存在なのです！　そして、いくら大きく望んでもよかったのです！

しかし、多くの人は、まさか自分の人生の豊かさや貧しさの程度が、自分の持っている「ふつう、この程度でしょ」という〝金銭レベル〟のせいだとは、夢にも思っていません。

なぜなら、「だって、お給与って、20万円とか、30万円とかいうのが、ふつうじゃないの⁉」と、思っていたわけですから。

しかし、**その「ふつう」は、本当に「ふつう」でしょうか？**

この世の中には、月何百万円も、何千万円も稼ぐことを「ふつう」にしている人も現実にいるわけですから。

どのレベルを「ふつう」とするのかは、もちろんあなたの自由です！

その自分の持っている基準が、低いと低い状態を、高いと高い状態をあなたは、自分の「ふつう」として叶えてしまうだけなのです。

しかし、だからといって、20万円のお給与を「ふつう」としていることは低いからよくないとか、100万円というのを「ふつう」にしていることは高くて素晴らしいといっているのではありません。

いいも悪いもなく、人は自分の基準に、納得するものだということです！

そして、納得しているものについては、なんの疑いもなく叶えてしまっているということです！

さて、お金持ちたちは、はなから、「億というお金を持つのも、いいだろう」と、それを自分の「ふつう」にしているものです。それゆえ、当然、そういう現実の中にいるわけです。

だからこそ、「もっと高い報酬を得たい！」「お金持ちになりたい！」「好きなだけ使えるお金を手に入れたい！」というのなら、大前提として、まず、自分が持っている金銭レベルの「ふつう」の基準を、もっと高く引き上げておくことです！

そうすれば、あなたは、「ふつう」に、高い報酬や給与や経済状態を持つことになり、「ふつう」に豊かな人生を叶えられます！

程度を、決める

〝どの程度〟のお金持ちになりたいかを、
あらかじめ宇宙にセットする♪

あなたが宇宙銀行から好きなだけお金を引き出して、自分もお金持ちになりたいというのなら、〝どの程度のお金持ちになりたいか〟を、決めておくことが大切です。

そうすれば、あなたは決めた〝程度〟を、実際に叶えることができるからです。あなたが決めると、エネルギーの領域で、それは宇宙にセットされ、ただちに叶える準備がなされます！

さて、**どの程度のお金持ちになりたいかは、あなたが望むものでOKです♪**

たとえば、「月に50万円給与が欲しい」でもいいし、「毎月、旅行に行けるだけの収入が欲しい」「3か月くらい会社を休んでも、ぜんぜん平気なくらいの大金であればいくらでもいい」というのでもいいでしょう。

また、「年収3000万円を叶えるぞ！」とか、いっそ、「年収1億円!!」、なんなら、「一生、遊んで暮らせるほどのお金持ちになる♪」というのも、おもしろいでしょう。

なにを、どの程度、望もうとも、あなたの自由です！　それは、あなたが受け取る現実なのですから。

他人に、「そんなこと、望むだけ無駄よ」「お金持ちになりたいなんて、はしたないことを言うものではないわ」などと、言われる筋合いもありません。

「せいぜい年収400万円くらいあれば、人並みよ。それでがまんしたほうがいいわよ」などと、決めつけられる必要もないのです。

また、「世の中は不景気なんだから、お金持ちになるのは無理よ。それより、財布のひもをしっかり締めたほうが賢明よ」と言われて、暗い気持ちになる必要もありません。

本当に豊かな人たちは、まわりが不景気だと言って暗い顔をしているときでも、いつでも豊かでいられるものです。というのも、彼らは、自分が望んでいる豊かさの程度をしっかりわかっているからです！

だいいち、彼らは、明日どうなるかわからない不安定な世の中に合わせているのではなく、いつでもどこでもあらゆる富を叶えられる〝無限の宝庫〟である宇宙に沿って生きているのですから♪

宇宙の〝無限の宝庫〟を味方につけると、貧することがありません。宇宙は、尽きない豊かさを持っていて、望む人にはいくらでも差し出せるようになっているからです。

あなたが、豊かさの〝程度〟を「これくらい♪」と、心の中で決めるだけで、宇宙のほうにも、あなたに送りこむべきお金や富や豊かさの情報がカチッと、セットされます。

すると、あとは自動的にその豊かさが、人・物・事・出来事・チャンス・仕事・サポートとなって、日常のあらゆる回路から、あなたにやってくるようになるのです！

とにかく、あなたが「この程度のものが欲しい」と、受け取りたい豊かさを決めて、それが宇宙にセットされるやいなや、宇宙がそのために動きます。

そのとき、同時にあなたもそれを手に入れるための変化を、内面的にも、外側的にも、自ら起こすようになります。すると、まわりでも必要な変化や流れが起こりだし、いつしか、セットしたものが完全に現実のなかにあるのを見ることになります！

もし、あなたがどの程度のお金や豊かさを望んでいるのかを宇宙に示さなければ、どうなるでしょうか⁉

答えは、〝オーダーは通らず、それゆえ、なにも叶わないまま〟なだけです。

あなたが求める程度をちゃんと決めないと、宇宙は、あなたに1万円あげればいいのか、10万円なのか、100万円なのか、1億円なのか、どの程度をあげていいのかわからず、わからない間はあげようがなく、まったく動けないのです。

それは、あなたが親戚に、なにか贈り物をしようとするときに、5000円のものにしようか、それともふんぱつして1万円のものにしようかと、迷っている間は(つまり、心の中でその金額をセットできないでいるうちは)、贈り物をなにも買うことも、渡すこともできないのと同じなのです。

〝富裕レベル〟を高める

ひとりでは数えきれないほどのお金を、あなたは持ってもいいのです

宇宙銀行から、より大きなお金を引き出す人になるには、自分の持つ「富裕レベル」を、高めることです。

そうすれば、あなたは、いまより、もっと、大きなお金や豊かさをかんたんに叶えることができます。

食べていくのがやっとというレベルから、好きなときに好きなものが好きなだけ買える人生を♪と、そういう需要を持つことです。

たとえば、「高い宝石は、なにかの記念のときにだけ、ひとつ、小さいものを買えればいいわ」というレベルから、「出逢うままに、素敵な宝石を楽しげに買い、よろこんで身につけていられる自分でいてもいいわね♪」と。

また、「年に1回温泉に行くのがせきのやま」というレベルから、「ちょっと行ってみたいなぁ♪という気分ひとつで、いつでもどこでも、世界中渡り歩ける、わくわく、楽しい、経済的自由がある人生を持とうかしら♪」などと。

ただ、それだけで、あなたの〝富裕レベル〟は高まり、それにともなって、自動的にあなたの人生の豊かさも高まります！　というのも、需要はいつも、供給を受けるからです！

宇宙に放った高い需要は、高い供給をくれるのです！

さて、かつて、まだわたしが関西でお勤めしていた頃、手取り28万円くらいのお給与を手元に、必要な支払いのために、お金を〝袋分け〟して管理していたことがあります。「これは家賃、これは公金、これは子どもの学費……」というように。

そんな、お金を支払い別に〝袋分け〟する作業は、ほんの10秒たらずで終わったものです。

ある日、わたしは、そのことのくりかえしに、いつになく深いため息をついていました。というのも、毎日、毎日、休みなく会社に行き、土日も出勤し、おまけに残業までして、必死に働いて、お給与を得たとしても、それは、ほんの10秒たらずで手元からなくなり、なにも自分のために残せないというショックな現実を思い知ったからでした。

そのとき、わたしは、こう思ったのです！

「ああ、毎月、やっとやっていけることに胸をなで下ろすだけの生活はもうイヤだ!!　子どもたちにおいしいお肉をおなかいっぱい食べさせてあげたい！　もっといいお洋服を着せてやりたい!!　それに、わたしだって、もっときれいに着飾りたい！　海外旅行にも行ってみたい!!　会社を休んで、いっそのんびりしたい!!」と、切に！　そうして、同時に、

「もう、こんなギリギリの生活はいやだ!!　自分ひとりでは数えきれないほどの大金を手にして、好きなときに好きなものを買い、好きなことがめいっぱいできる、自由と豊かさに満ち足りた、リッチでハッピーな人生を生きたい！　そんな

億万長者になりたい！　絶対になるぞ！」と。

それは、**あまりにも、あまりにも、強く思ったので、わたしは〝決めた〟ことになり、自動的に、宇宙にカチッとセットされてしまったのでしょう！**

結局どうなったかというと、その後、わたしは会社をリストラされたのです。が、それを機に、本格的な作家活動に入ることになり、気づいたら、わずか２年半後には、望んだ現実の中にいたのです！

それもこれも、まさか、わたしがそうしているとは知らずに、富裕レベルを高めたことで、それを叶えるために宇宙が動き、大きな人生の変化が起こったからでしょう。

とにかく、あなたが〝富裕レベル〟を高めるとき、宇宙という〝無限の供給源〟である「宇宙銀行」から、それにみあった大きなお金や素晴らしい富の恩恵が、降りてくるようになります！

ただ、理想を引き上げるだけでいい♪

お金に何不自由ない人生の中で、優雅に、贅沢に、ハッピーに暮らす

さて、前項でお伝えした〝富裕レベル〟を高めるということについて、ここでも大切なことをお伝えしましょう。

いまより富裕レベルを高めるには、〝ただ、理想を引き上げるだけでいい♪〟ということです！

つまり、叶えたい金銭事情やリッチライフの中で、いったい、自分がなにを身にまとい、どんな顔でほほえみ、どんな会話をし、どんな家に住み、どんなインテリアや物に囲まれ、どんなものを食べ、どんな優雅な気分でそこにいるのか、その〝理想とする状態〟を優雅にイメージし、安堵するものにすればいいということです。

ただ、理想を引き上げるだけで、かんたんにあなたはそれにふさわしい人になっていき、宇宙もそれに応え、人生もそれに報いてくれるようになります！

なぜって、あなたの理想であるがゆえに、あなたは当然のごとく、ふつうに、それに向かうことになるからです！

理想を引き上げようとする際、ただ、冷めた感じで、「あ〜、まぁ〜、こんな理想も、いいかもしれませんがね」というのではなく、「その理想の現実に入っていけるなら、どんなにうれしいだろう♪」と、わくわくそれを祝福し、「そうなろう♪」という、自発的な気持ちを持つことが大切です！

どんな理想も、本人に、それをよし！と許可され、よろこんで受け入れられなければ、叶えたいと思われなければ、実現するチャンスがないからです。

また、理想はただの理想ではありません。その理想に自分のポジティブな感情を注ぐだけで、それはリアルな本物になる性質を持っているからです。

さて、たとえば、小さな1Kのマンションから、豪邸に住むというように、理想を引き上げるというときには、その豪邸にあるすべてのものにも、理想を取り入れてみてください。家の中のインテリアや小物などにも。

ちなみに、わたしが上京する際に持っていた理想の家は、あるお金持ちの社長の家に遊びに行ったときに見たヨーロッパ製の家具が揃えられた家でした。

そこには、かつて、絵本で見たお金持ちの家のイメージもありました。そう、あたたかいマントルピース（電子暖炉《だんろ》）とロッキングチェア、ふかふかソファ、シャンデリア、大理石……。そして、食卓には、豪華で、優雅で、美しい絵柄の、ゴールドをあしらった洋食器を♪と。

そして、わたしはその理想の絵を堅く保持していました。「そうするぞ♪」と。

その後、それは、どのようにして、そうなったのか⁉

その理想の状態は、ある日、いっぺんに叶ったのではなく、ひとつ、ひとつ、徐々に叶っていったのです。

まず、**わたしは、その理想とするものの中にあるもので、まだお金持ちになっていない〝いまの自分でもできること〟から、現状の生活に取り入れていったのです！**

（ちなみに、これをなかなか、世の中の人は、しようとしない。お金持ちになってからしようというわけですが、ほんとうは、可能なものからひとつでも、いまの暮らしの中に先取りすることが重要！）

まず、わたしの場合、上京後、最初の報酬を手にしたとき、それまで使っていた古いものや好きではなかった食器を思い切って処分し、お気に入りのブランドの洋食器を新調したのです。そう、お金持ちの家の食卓を再現したい♪と。

美しい食器をひとつ買うことなど、きっと、いまのあなたにもすぐにできることでしょう！

食器をお気に入りのブランドのものや、ゴールドをあしらったような豪華で美

しい絵柄のものに替えるだけでも、かなりリッチな気分になります♪

しかも、たとえば、装飾に金がたくさんあしらわれているようなものは、たいがい電子レンジは不可。

そうなると必然的に、熱々の手料理を盛るしかなく、また、その皿に盛るにふさわしいおいしい、美しい料理を作るしかなくなります。それは、考えてみれば、食生活や健康にも、とてもいいことでした！

また、なんのへんてつもない照明器具も、シャンデリアに買い替え、通販で買って長年使っていた安物のベッドを、ヨーロッパ製の素敵なデザインのものに！

そうするだけで、寝る時の気分まで豊かに♪

次に、憧れの大理石は、テーブルとして、家に迎え入れ、これまたお金持ちの家でよく見るピアノは、弾けないのに買いました。完全にインテリアとして♪

本棚やデスクやそのほか雑貨や時計などもエレガンスなヨーロッパ製のものへと、買い替えていったのです！　とにかく、ひとつ、ひとつ。

すると、どうでしょう！

まだ、**目指すレベル、叶えたい規模のお金持ちになっていないうちから、家の中は、もう充分、引き上げられた〝理想通り〟の、お金持ちになったあかつきの世界を見せてくれていたのです！**

そうして、あるとき、もうこれ以上、ヨーロッパ製の大きな家具はここには置けない！　となったとき、より大きな家に引っ越すしかなくなり、そうなったわけです。

そして、気がついたら、憧れの豪邸に住むという理想が、叶っていたのです！

理想は、引き上げるほど、引き上げた理想の世界へと、わくわく連れていってくれます♪

引き上げた理想のビジョンを、自分の中で固く保持することができれば、それは効果的に叶います！

いつでも、保持した理想のビジョンはわくわく、うれしく、高揚するエネルギーを持ち、あなたに具現化を催促してきます。そのとき、あなたはよろこばしく刺激され、突き動かされ、それにみあったもの、ふさわしいものを、ひとつひとつ、自分の現実の中に加えていくしかなくなります。

そうやって、あなたは、ごく自然に、ある意味、自動的に、理想の世界へと、駆り立てられるのです！　そのとき、その理想の世界は、まず、食器ひとつをチェンジすることから、叶えてもいいわけです♪

とにかく、途中経過で叶えられそうなものは、自発的に叶えていくことで、徐々に、理想は理想そのものの形になっていき、ある日、気づいたら、パーフェクトに理想が現実になっていた！　という具合になるのです。

そして、不思議なことに、理想にむけて、可能なことをひとつひとつ日常に取り入れている間、より大きなお金になる仕事や、素敵な価値ある依頼や新たなチャンスが、ますます増えていくようになり、どんどん金銭状態が良くなっていきます！

それは、宇宙が、あなたの理想実現をあと押しするからです！

おもしろいもので、あなたが理想のものを買い足すたびに、なぜか、金運は上がっていくのです！　お金を使っているのに、むしろ、どんどん殖えていくという、不思議な流れがやってきます！

ちなみに、お金は、よろこばしく使うほどに、よろこばしく倍化して入ってくるもの♪

いつでも、引き上げた理想にこちらが率先して向かうとき、結果である引き上げられた理想のほうも、急速にこちらに向かってきます！

いそいそルンルンと、理想にふさわしいものを買ったり、取り込んだりして、具体的に、素早く現実チェンジを行うとき、「理想」と「現実」のギャップもなくなっていき、宇宙も急いで、あなたの理想の完成に向けて動きだし、望む豊かさを、スピーディーに叶えてくれるのです！

魔法のスイッチを入れる♪

こうすればスイッチが入り、叶えたいリッチな未来が瞬時にやってくる

宇宙銀行から好きなだけお金を引き出し、理想のリッチライフを送りたいというのなら、しておくべきことは、ただひとつ！　ズバリ、いま、ここで、〝それを叶えた自分になる〟ということです。すなわち、それは、〝結果にフォーカスする〟ということ♪

ちなみに、それは、一瞬でＯＫ！

1秒～4秒程度の短い時間でいいのです。長々と想像しまくったり、考え込んだり、瞑想状態に入り込む必要はありません。
また、1日に何度も何度もしつこくする必要もありません。チラッと、何度かフォーカスしたら、それでいいのです。

この、1秒〜4秒という一瞬の、結果へのフォーカスが「フラッシュ効果」となり、あなたと宇宙を刺激し、宇宙の神秘が作動する〝魔法のスイッチ〟を入れることになります。

結果にフォーカスすることを通して、スイッチを押すとき、あなたは宇宙に「早く、それをこの現実に持ってくるように！」と、催促することになり、それは、早まるのです！

さて、その結果へのフォーカスは、どのくらいの期間、続けるべきなのか？

1週間？　1か月？　3か月？

いやいや、スパンの長さは関係ありません。あきたら、やめてください。

あきたときが、やめどきであり、あなたが宇宙を刺激するのに十分な力を放ち、効果的に催促できた証拠だからです。

また、結果にフォーカスすることで、あなた自身、良い刺激を受け、必要なときに、必要なことを、必要な場所で、しっかりできる人になります。

また、結果にフォーカスすることで、人生に迷いがなくなり、そこに向かって前進しやすくなります。

しかも、おもしろいもので、望むお金を手にした結果にフォーカスするとき、あなたはそれを手にする方法やアイデアや道筋をも思いつきやすくなり、自分の中でお金を手にするチャンスをいくらでもつかめるようになります！

結果にフォーカスするとき、あなたはいつでも、その結果を自分と約束することになり、宇宙とも約束しているのです！

さて、本来、望んでいることを叶えるために、望んでいる道を素直に歩いたならば、思いと行動が一致してくるので、葛藤がなく、無理がなく、苦労とは無縁になります。

しかし、この世の中の多くの人は、「これを叶えたい」となにかを望みつつも、「そうならないかもしれない」と疑い、うれしい結果に、自分がフォーカスしないから、道に迷うことになるわけです。

心の中で、あらかじめ結果をみていないなら、進みようもありません。

お金持ちになりたいのであれ、その他、どんな願いや夢を叶えたいのであれ、〝結果にフォーカスする〟ことを通してしか、人はそこにゴールできません。

結果にフォーカスし、それをいまここで先取りできる人だけが、望む未来を制覇したことになるのです！

お金を惹きつける！

エネルギーで仕事をするだけで、
みるみるお金がやってくる！

ここでは、「宇宙銀行」から好きなだけお金を引き出すために、お金を惹きつけるエネルギーを発生させましょう。

エネルギーを発生させるのに必要なのは、あなたの心的態度です！

豊かな心的態度が、豊かなエネルギーを放つものとなり、「宇宙銀行」から、大きなお金を引き出す鍵となります！

✳お金を惹きつける心的態度✳
……ぐんぐんお金を惹きつける豊かなエネルギーを放つ秘訣

1 ✳ お金やあらゆる富を持つことを「ふさわしい」とする

自分は「お金持ちになるにふさわしい」と、思っておくこと。
というのも、人は、自分にふさわしいと思うものしか手にできないからです。
ふさわしいというとき、「なぜ、ふさわしいのか⁉」と、
理由を考える必要はありません。無条件に、ふさわしいのです！

しかし、長いことお金に不自由した人は、自分がお金持ちになることや、
豊かになることを、なかなか「ふさわしい」とは思えないものです。
しかし、それは、むしろ、逆なのです。
いままで、お金がなかったのは、
あなたがお金持ちになるのに〝ふさわしくない人〟だったからではなく、
そう思いこんでいたからです。ですから、心的態度を直せばいいだけです。

もし、お金やあらゆる豊かさを「ふさわしい」と思えないというのなら、
ただ、それを「好き♪」でいてください。
あなたは、好きなものなら、よろこんで受け取れるからです♪

受け取れる気分になったとたん、お金が入ってきはじめます！

2 ✳ お金を愛する人でいる

最もお金を惹きつける人は、〝心からお金を愛する人〟です。

それはなにも、お金の盲者になるということではありません。


〝愛する〟というとき、人は、そのものの良さや価値や魅力を好きでいて、充分に認め、「受け入れている」ということです。

お金を愛せるというのは、欲が深いことでも、いやしいことでもありません。

そのものの価値を誰よりもわかっていて、大切にでき、前向きに、よろこんで、生かして、扱えるということです。

そうして、あなたが大切にしたものを、あなたはさらに受け取り、自分の手元に残すことになるのです！

3 ✳ 「お金が来る！」と言う

お金を素早く惹きつけたいというのなら、

「必要なお金は、まもなくやって来る！」と、心の中で言うことです。

決して、「お金がない！」「お金が払えない、どうしよう！」とか、「困った！　困った！」と言って、騒がないでください。


あなたが「お金がない！」と言うと、それは、
さらに〝お金のない現実〟を惹きつけてしまうだけで、逆効果です。

お金がなくて、早くお金が欲しいときほど、お金がないことを心配するのをやめ、〝手に入った状態〟や〝安堵〟にフォーカスすることです！

そうやって、いったん、お金のことで苦しんでいるエネルギーを遮断し、「お金が来る！」と言い、その言葉で良いエネルギーを放つこと。

すると、なぜか、突然、思いもよらない回路から、お金がやってきます！

4 ✳ 豊かさの中に身を置く

あなたの金銭事情がどうであれ、
自分の心が豊かになるようつとめてください。
豊かな気分になることや、豊かな希望に満ちることは、

とにかく、なんでもやってみてください。

たとえば、ホテルのカフェで優雅にティータイムをしたり、
美しい音楽を聴いたり、素晴らしい映画を観たりして、
心を感動で満たしてください。
また、美しい景色を眺めてゆったりくつろいだり、
優雅な気分を味わえることを可能な限りしてみてください。

そうやって、**心を豊かな気分で高めるほどに、あなたの中に自然と**
「富気」（お金やあらゆる富を生みだす素の気）が育まれます。
その「富気」があなたの中で一定量になったとき、
あなたにお金や豊かさが大きく惹きつけられてきます！

自分の内側を、豊かな気分やムードや状態で満たすほど、
求めるお金や富や豊かさへと素早くつながっていけます！

5✳　お金を先取りする

お金を惹きつけるのに、最も効果的なことは、まず、心の中で、
お金を先取りすることです！
つまり、必要としているお金が、もう手に入ったつもりで、
先に、「ありがとうございます」と、感謝してしまうのです。

感謝の先取りは、さらに感謝したくなるうれしい出来事を生みだしてくれます！

そうして、感謝すると同時に、
「お金が入ったらこれをしよう！」と、思っていたことに、
可能なことから、いますぐ着手してください。
買いたいもののパンフレットを集めたり、
旅行をプランすべく旅行代理店に足を運んだり、
ほしいバッグのあるブランドショップに下見に行ったり、
大きな仕事のための段取りや、連絡する必要のある人へ連絡したり。

感謝の先取りをしつつ、お金が入ったときにこうするであろうことに自発的にかかわりはじめるだけで、
なぜか、お金の融通をつけてくれる人が現れたり、
お金になる大きな仕事や依頼事が入ってきたり、
思わぬ形でお金が入ってきたりして、
必要なお金を手にすることになります！

さて、**いつでも、あなたの現実の金銭問題が好転するのは、あなたの内側の事情が好転したときだけです！　内側が先で、外側はあとからついてくるだけなのです。**

ですから、ここからお金を惹きつけたいというのなら、あなたの内側の事情を先に、豊かにすることです。

それこそが、宇宙というエネルギーの領域に働きかけ、「宇宙銀行」から、うまくお金を引き出す効果的な心的態度となるからです！

〝邪魔もの〟を捨てる

お金が嫌うものをあらかじめ捨て、
すんなり金運招来を叶える♪

宇宙銀行から好きなだけお金を引き出し、幸せで豊かな人生を叶えたいなら、それを叶えるのを〝邪魔するもの〟は、率先して心の中から捨てましょう。

たとえば、「お金がほしい！」「お金が必要だ！」と望んでいるにもかかわらず、「お金は汚いものだ」と嫌悪したり、「そう考えるのは、はしたないことだ」などと反対のことや否定する考えを持ったりしないでほしいのです。「望んだところでお金など、どこからもくるわけない！」というような、疑う気持ちも！

また、「お金持ちなど、悪いことをしているに違いない。だから、奴らは儲かるんだ」などと、おかしな偏見や誤解や批判を持ったり、「お金を持ったら、なにか他のものを奪われるか、帳尻あわせによくないことが起こるかもしれない」

などと、なんの根拠もないことに対して、恐れたりしないでください。

こういったものは、あなたがお金持ちになることを、邪魔するものになるからです。

しかも、**人は、自分が嫌悪したり、抵抗を感じたり、批判したり、疑ったり、恐れたりしているものは、素直に手にすることができないからです。**

望むと同時に、相反するものをいくつも心の中に抱えていたら、あなたは自分の意図を宇宙に放てなくなり、「宇宙銀行」から好きなだけお金を引き出すこともできなくなるでしょう。

場合によっては、望んでいたものと、反対のものを惹きつけてしまうことにもなりかねません。

たとえば、「お金を望んだことで、罰《ばち》があたったらどうしよう」あるいは、「望んでも、必要なお金がちゃんと入ってこなかったらどうしよう」という〝恐れ〟

は、恐れているその状態を引き寄せてしまう最もやっかいなもの!!
恐れは強烈なエネルギーであるがゆえに、あなたのすべてを支配してしまうほどの力を持っているからです。

とにかく、望んでいることを叶えたいなら、望みっぱなしにすることです！
いちいちそれを否定するなら、望んだ意味もないのです。

あなたが素直に、安心し、よろこばしく、楽しく、お金を望むならば、それは、ほっとする形で、よろこばしく、楽しげに、あなたのもとにいくらでもやってきます！

そもそも、あなたの望みは宇宙の望みでもあるからです。

ですから、恐れず、遠慮せず、素直に、お金や豊かさを、善きものを、安堵するものを、望んでいいのです。〝邪魔もの〟は、捨て去って、明るい気分で♪

Chapter 3 ☆

好きなだけ
〝お金を引き出す〟

望み方にもコツがある！
効果的に富を受け取る技術

先に〝お金の使いみち〟を決める

お金がなにに使われるのかを告げるやいなや、宇宙はお金を準備する

宇宙銀行から、あなたが必要とするお金をすんなり引き出す秘訣は、「なんのためにそのお金がいるのか」、そのお金の〝使いみち〟を先に自分の中で決めておくことです！　そして、宇宙にはっきり、それを告げることです。


「わたしは、〇〇のために、１００万円必要です。よろしくお願いいたします」

「◇◇に旅行するための費用として、50万円いります！」

「起業したいので、１０００万円の資金をください！」

と、いうように。


宇宙は、あなたがそのお金をなにに使うのか、その〝使いみち〟を知ってはじめて、あなたのためにそのお金を準備でき、渡すことができるからです！

しかも、お金の〝使いみち〟を宇宙に告げると、あなたの人生にマネーライン（そのお金を工面できる方法、お金が用立てられる流れ、お金が突然入ってくることになるチャンスや、大きな仕事や、臨時収入がやってくる道筋）ができ、より一層、かんたんに、お金がやってくるものです！

たとえば、あなたに年頃の息子がいるとします。その息子に、いきなり、「お金を300万円出せ!!」と言われても、何に使うかわからないのに、そんな大金は出せないことでしょう。

しかし、息子が、「大学に行きたいから、その入学金として必要なんだ」と、そのお金の〝使いみち〟を告げてきたとしたら、可愛いわが子のために、よろこんでそのお金を準備することでしょう。

なぜならば、それを用意することが彼のためにもなり、親として当然のことであり、うれしいし、準備して然るべきものだと納得できるからです。

さて、これは、銀行に行ってもそうです。銀行に行って、いきなり、「300万円貸せ！」と言っても、なんのためにそうするのかを告げなければ、貸せるお金が銀行にたくさんあったとしても、銀行はあなたにお金を出さないでしょう。

けれども、「家を買うために、頭金を借りたいのですが」と告げればどうでしょうか。

きっと、銀行は、然るべき手続きをふめば、あなたに必要なお金を貸してくれることでしょう。

また、自分自身のことであっても同じです。ただ、なんとなく、「100万円のお金をつくらなきゃ！」と思っても、目的がなかったら、だんどりすることも、貯金することもしないことでしょう。

しかし、誕生日の記念に、「ひとつだけ、いい宝石が欲しいから、その宝石代金としての100万円が必要♪」だと、自分に〝使いみち〟を告げたとしたら、あなたは明確になった〝使いみち〟のために、はりきって、アルバイトをしたり、貯金したりして、よろこんでそのお金を準備することでしょう！

なんでもそうです！　それが〝なんのために必要なのか〟〝何に使うのか〟が、はっきりしていないと、それは、はっきりするまで、あなたの目の前に現れることができないのです。

あなたが宇宙銀行から、必要なお金をしっかり受け取りたいというのなら、いつでも、素直に、使いみちを伝えてください！　隠す必要もないし、嘘をつく必要もありません。

宝石代金にしたいならそのように、外車や豪邸を購入する資金ならそのように、世界一周するお金がほしいなら、そのように使いみちをまず決め、宇宙に告げるだけでいいのです。

すると、そのあと、不思議な流れと展開で、思いもよらぬ形で、意外な回路から、そのお金が目の前に現れ、びっくりすることでしょう♪

どんな金額も請求可能♪

宇宙はあなたにこう聞く☆「いかほどご用意すればいいでしょうか？」

さて、なんのためにお金がいるのか、その〝お金の使いみち〟が決まったら、今度は、必ず「いくらほしいの」か、その〝金額〟をも明確にしてください。

ざっくりとで、いいですよ。たとえば、着物を買うのに１００万円いるとか、車を買うのに２００万円いるとか。

たとえば、「車を買うためのお金がいる」とします。そのとき、当初は、日本製の車のことしか考えていなかったので、２００万円あればいいかと、考えていたとします。しかし、自分の心の中をよくよくのぞいてみたら、〝憧れの外車に乗るのが夢だった！〟と気づいてしまいました。

そして、ベンツに乗るなら１５００万円、ポルシェなら２５００万円くらいはいるとわかったとします。そして、そんなことを夢みて外車にフォーカスしていたら、そのほうがわくわくしてきた♪というのなら、その金額を、素直に、はっきりと、堂々と、宇宙に告げてください！

「宇宙銀行さん、やっぱり、車は、ポルシェにしたいので、それを買うためのお金は、２５００万円用意したいです。それをどうか今年中にお願いします♪」と。

また、ローンで家を買いたいと思っていたけれど、キャッシュでバーンと買うのも気持ちいいなぁと思い、そうしたいなら、「家をキャッシュで買いたいので、購入資金８０００万円を2年以内にお願いします！」というようにしてもいいのです。

とにかく、なんのための、どんなお金であっても、少額であっても、高額であっても、そんなことには関係なく、はっきりと、堂々と、その金額を、宇宙に伝えてください！

というのも、あなたがお金を望むとき、「宇宙銀行」のほうではいつも、ただ、こう、聞きたいだけだからです。

「今回は、いかほど、ご用意すればよろしいでしょうか？」と。

「宇宙銀行」は、〝無限の供給源〞であり、制限と限界がない領域です！　それゆえ、ちまちました自分の小さな了見で、制限しなくていいのです。

たとえば、「ポルシェを買いたいなどと言って、2500万円もの大金を宇宙に望むというのは、気が引ける……だから、日本車の中でも、ちょっとデザインのいいものであればいいし、それなら、300万円くらいでも買えるかもしれない……それゆえ、300万円でいいですぅ……」などと、なにかしらの理由や理屈をつけて、制限をかけた金額を、渋々、宇宙に伝える必要はないのです。

そのほうが、宇宙に失礼というものです。

いいですか！　宇宙をみくびらないでくださいよ！　あちらには、不可能はないのです。あなたに100万円渡すのも、2500万円渡すのも、同じ労力なのです。隣のお金持ちに2500万円渡すのも、あなたに渡すのも、どちらでもいいのであり、なんということはございません。

ただ、その2500万円は、〝望んだ人が受け取れる〟というだけなのです！
金額にちまちま制限つけることには、なんの意味もなかったのです！

本当に、心からうれしいと思える、心地よい、大きな高揚感があふれる、本音として望む金額を伝えてください。

宇宙は、あなたの本音に、なによりも敏感に反応するものだからです！

もし、あなたが勝手に制限をつけた金額を望んで、不本意な車に乗っていたとしたなら、ある日、道路で目の前に止まったポルシェを見たとき、あなたはきっと、こう思うことでしょう。
「くやしい！　俺も、ポルシェを望んでいたのに、どうして、日本車でいいやと、気持ちを下げ、望みを下げ、手にするものを小さくして、宇宙に伝えたのだろうか⁉」と。

「そのお金、いつまでにいります？」

タイムスケジュールがなくては、宇宙の仕事は完結しないと心得よ

宇宙銀行からお金を確実に引き出すためには、**そのお金を〝いつまでにいるのか〟その期限（めど）をつけておくことが大切です！**

というのも、「お金がいるけれど、いまでなくてもいい」「そのうち入ってきたらいい」「いつかはお金持ちになりたい」というのでは、宇宙はあなたにお金を渡すタイミングがないからです。

あなたが急いでもいないし、いま特に必要としているわけでもないけど……というとき、お金は、こちらに来るきっかけも理由もなく、それゆえ、あなたよりもっとお金を切実に、具体的に必要とし、期限のせまっている人を優先しようと、そちらに行ってしまうだけです。

たとえば、あなたがクレジットカードの請求を支払うという場合、指定された期日があるから、あなたはその日までに、そのお金をだんどりするわけです。

そのとき、いますぐ支払う必要のない請求書はあとまわしにし、今月すぐ支払う必要のある期限のあるクレジットカードの支払いを優先させるものです。

そして、そのためのお金は、期日までに、しっかり確保されるわけです！

宇宙から確実にお金を引き出し、手にするときも、これと同じです。

〝いつまでにいるのか〟期限（めど）をつけることで、宇宙銀行にあるお金は、優先的に、確実に、あなたにもたらされることになるのです！

たとえば、「春の旅行の申し込みのためのお金は、2月末までにいります！」

「家をリフォームする資金を、5月31日までに用意したいです！」

「会社を立ち上げる準備資金５００万円を、9月30日までにお願いします」

と、いうようにするのです。

もし、期限をつけずに、宇宙からお金を引き出そうとすると、いつになるのかわかったものではありません。

必要な場面に、必要な期日で、ぴったり間に合うようにタイミングよくお金を手にしたいなら、そのお金が〝いつまでにいるのか〟その期限を告げることは、当然のことであり、なによりも重要なことだったのです！

宇宙銀行の暗証番号を唱える

尽きぬ宝庫がひらく！☆
その暗証番号で、お金がどっさりなだれ込む!!

宇宙銀行から好きなだけお金を引き出すのに、ややこしい手続きは何もいりません。

どの程度のお金持ちになりたいかというその規模、なんのためのお金がいるのかその使いみち、手にしたいお金の金額、いつまでにいるのかその期限を、自分の中ではっきりさせ、素直に、宇宙に告げるだけでいいのです！

すると、それらは、あなたの意図として放たれ、自動的に「宇宙銀行」に届くことになります！

それができたら、あとは、引き出すための暗証番号を唱えるだけでＯＫ♪

その宇宙銀行の暗証番号は、数字ではありません。言霊パワーを通して、引き

出すのです！　すなわちそれは、「感謝」の言葉!!

次のように唱えることで、その感謝の言霊パワーは、宇宙銀行からお金を引き出す暗証番号となります！

「宇宙さん、必要なお金をありがとうございます」

「わたしは、いま、そのお金を受け取りました。心より感謝します!!」

「まさにいま、わたしの口座に大金が振り込まれていますこと、本当にうれしいです。ありがとうございます！」

「このような尽きぬ豊かさを、ありがとうございます！」

と。

唱えるときは、このように、すでにお金を受け取ったつもりで、感謝します！

先に感謝するというとき（感謝の先取りをするとき）、望んだものは素早くやってきます！　そのうえ、もっと感謝したくなるような素晴らしいものを、さらに多く惹き寄せることになります！　そして、あなたの抱えているお金の問題をすっかり解決させ、大きく安堵する場面をくれるものです。

こんなことで、ほんとうにお金はやってくるのか？　と、心配しないでください。心配するということは疑っているということであり、来なくなってしまうからです。

先に感謝し、いますぐ安堵することで、暗証番号は効力を発揮します！

また、先に感謝し、安堵するとき、あなたは、すっかり、その結果を受け取るつもりになっているということであり、その心的態度こそ、「宇宙銀行」への全幅の信頼を示すものとなり、宇宙にしっかり仕事を遂行させるものとなるのです。

いつでも信頼が、価値あるものを確実に引き出すものとなります！

そして、あなたは、必要なお金をなんらかの形で、受け取ることになるのです。

そう、タイミングよく、期日に間に合う形で♪

よろこばしく、待っていてください♪

それを待っているときの、あなたの心的態度が重要!!

宇宙銀行にお金を望み、それが来るのを待っている間、あなたは、そのことに執着したり、心配したりしてはいけません。

それよりも、そのお金を使って、なにかを買ったり、なにかを得たり、なにかをしたりすることを、よろこばしく待っていてください。

「もうすぐ、それが手に入る!」「まもなく、それはくる!」「もうすぐ、あのことが実行できる!」というように。

あなたがそうあるとき、宇宙もよろこばしく、お金のだんどりをするものです。

あなたが必要なお金を待っているとき、そのお金を使ってなにかを得たり、したりすることを、いまからもう楽しんでいるというのを知った宇宙は、可愛い孫のためになにかをするおばぁちゃんのような気持ちでいるものです。

可愛い孫に、「おばぁちゃん、次は、お人形がほしい♪」とおねだりされたとき、孫が、まだ、お人形を買ってもらっていないうちからうれしそうにしていると、「早く買ってきて、もっとびっくりさせてあげたい♪　あぁ〜、早く、孫のよろこぶ顔がみたい！」とそう思い、買ってくるのと同じです。

よろこびを差し出されると、宇宙はあなたのためによろこんでいそいそ働き、せっせとお金を準備し、素早く、ポンッと与えてくれるのです！

とにかく、あなたがそのお金を使えることのよろこびや楽しさを、あらかじめ感じれば感じるほど、お金はよろこばしい形で、早め、早めに、あなたのもとにやってきます！

あらゆる回路を許可する

お金が入ってくる経路を、決めつけない！ 無限の可能性をみる

あなたが、「宇宙銀行」に必要なお金を告げたなら、あとは、受け取るだけでいいのです♪

その際、そのお金が、誰からでも、どこからでも、どんな道筋からでも、どんな理由からでも、やってきていいのだと、「あらゆる回路」を許可していてほしいのです。

自分にお金がなく、お金を望んでいるとき、人は、そのお金がどこからくるのかさっぱり見当がつかないものです。

しかし、「宇宙銀行」に、ひとたび必要な金額と期限を告げたなら、それは、どんな回路からでも、どんどん入ってくるようになるものです。

そして、たいがい、それは、いまのあなたが知らない、みつけていない、思いもよらなかった回路や方法や人から、やってきます！

そのお金が入ってくる回路や方法や人を、いま、ここで、知ろうとしたり、特定しようとしたりしないでください。それは宇宙のやり方、宇宙のやることなので、人智であらかじめ知ることはできませんし、特定不可能です。

というのも、宇宙が動き出すと、いまのあなたがまったく知らない方法を使って、お金を回してくれるのが常《つね》だからです！

たとえば、所持金9万円で3人の子を連れて上京したわたしが、そんな中で「3年以内に、億万長者になる！」と、宇宙銀行に告げたところで、私自身には、そんなお金が、しかも、期日通りに、やってくるあてなどありませんでした。

そのお金の出どころなど特定しようもありませんでした。

しかし、お金を必要とし、素直に望み、宇宙によろこばしくそれを告げ、「宇宙銀行」に〝どこからでもお金を回してもらえばいい♪〟と思っていると、そこから、都合よく、願ったり叶ったりのいいことがたくさん起こったのです！

たとえば、思いもよらぬ本の依頼がいっぺんに何冊もきたり、取材が立て続けに入り多くのギャランティをもらえることになったり、セミナーや講演会の依頼がきたり、「あなたに〇〇を教えてもらいたい！」と、誰かがわたしになにかを「大金を出してでも、頼みたい！」というように、やってきたりするわけです。

そういったことの数々は、想像もしていなかった流れと出来事であり、知らない人や回路からもたらされたわけです。

そう、いろんな事情でわたしに仕事や依頼やお金を与えてくれる人たちとは、「宇宙銀行」にお金のことを伝えるまでは、まったく出逢ってもいなかったわけです！


お金を望み、受け取ることを決めた瞬間から、それまでなかったチャンスや流れや出来事が、突然、出現したということです!!

突然、現れたその人たちは、無意識の領域で、〝無限の供給源〟より遣わされた人たちであり、必然的に、わたしのところにきて、必要なことをわたしにさせ、その対価を与え、わたしが望んだお金を現実的に受け取らせてくれたのです！
それが宇宙のやり方です！

「宇宙銀行」にお金を望むと、本当におどろくほど、ありとあらゆる回路から、人やチャンスや新しい出来事や流れがやってきて、どんどんお金がもたらされることになります！

そして、絶対に重要で、わかっておきたいことは、すべては、〝望まなかったら、やってこなかった人やチャンスや出来事や流ればかりであった！〟ということです！

これはなにを意味するのか⁉

すなわち、それは、「宇宙銀行」は、あなたの望みを、いつも聞いてくれている！ということであり、望まれたなら、いつでもいかようにも応えるという、あたたかい慈愛に満ちた〝太っ腹な存在〟だということです！

Chapter 4 ☆

なぜか不思議と、お金がまわってくる♪

宇宙は、あなたにお金を与える
あらゆる回路と方法を持っている

お金を呼び出す☆魔法のコールのやり方

宇宙は、はっきり示されたことに反応しやすい！　その即効作戦とは!?

あなたが必要とするお金は、いま、この世の中に、すでに、あります！

「宇宙銀行」にもたんまりとプールされています！

しかし、そのお金は、あなたが呼び出すまでは、こちらにやってきません。それゆえ、お金が必要なときには、いつでも、自発的に呼び出すことです。

でも、いったい、どうやって？

ズバリ、必要とする金額を、次のように宇宙に告げるということです！　できれば、小さくつぶやくように♪

たとえば、100万円必要なら、「100万！　100万！　100万！」と。1000万円なら、「1000万！　1000万！　1000万！」と。

なんなら、「1億！　1億！　1億！」と♪

その際、その数字を唱えながら、指で机をトントンと鳴らしながら、リズミカルに行うと、超☆効果的！

それがお金を呼び出す魔法のコールとなり、「宇宙銀行」をゆさぶり、この世の中の、あらゆる回路、あらゆる方向、あらゆるチャンス、あらゆる人たちから、あなたの必要とするお金を、期日にまにあうように呼びつけることになります！

お金を呼び出す魔法のコールをするとき、「100万円くださぁぁぁぃい！」とか「100万円がどうしてもほしいでぇぇぇす！」というような、自分の気持ちや訴えの言葉を、一切、使わないほうが超☆効果的！

決して、「そのお金がないと困ります！」とか、「助けてください!!」「なんとかしてもらわないと、もう生活できません！」などと、悲壮感でいっぱいの言葉は使わないように！　言葉や感情をのせると、エネルギーが重たくなり、宇宙にすんなり届きません。これでは、来るはずのお金も来なくなってしまいます。

いつでも、宇宙には、軽やかなエネルギーしか、通らないからです。

数字そのものを、立て続けに3回、指でリズムをとりながら、宇宙に伝えることで、そこにはなんの感情も入ることなく、数字そのものの純粋なエネルギーだけがしっかり発生し、ド・ストレートに、瞬時に、呼び出しが通るのです！

しかも、「1000万！　1000万！　1000万！」
「1000万！　1000万！　1000万！」
「1億！　1億！　1億！」と言うとき、それは、宇宙に〝命令〟していることにもなり、〝命令は絶対!!〟であるがゆえに、結果は確実なものとなるのです！

さて、あるとき、わたしは、税理士と月一度の面談のために会っていました。それは、その期の決算の3か月前のことでした。

税理士はこう言ったのです。「今期はほぼ目標の売り上げを達成していますが、あと800万円くらい売り上げがあれば、さらにいいですね。佳川さんが今期の始めに言ってた希望額クリアになりますし」と。

しかし、それは決算の3か月前のことで、その時点では3か月以内になにかのお金が入ってくる予定はありませんでした。その年、「今期はこれくらいでいいか」などと、なぜかゆうちょうに仕事をしていて。

しかし、気になるし、自分の言ってた金額をクリアしたいと思ったわたしは、「まっ、入ってきたらラッキー♪」くらいの軽やかな気持ちで、お金を呼び出す魔法のコールを、やってみたのです。

そう、ひとり、部屋の中で、机に指をトントンしながら、「800万円！　800万円！　800万円！」と。

たった、一度だけ、そうしたのです。

すると、なにが起こったか⁉

懇意にしている担当の編集局長から、突然、携帯に電話があったのです。いつも連絡はメールで来るのに。なんだろうと思って電話に出てみると、こう言うではありませんか。

「至急頼みたいことがあってね。実は、うちで出すはずだった本がバタバタと企画落ちして……。その分、何か新しい企画をいくつか作る必要があって……一度に数冊の本の依頼なんだけど……しかも、こちらの都合で申し訳ないんだけど、その数冊分の本を3か月以内に仕上げてほしいんだよ」

「えっ⁉　3か月以内に⁉」

「もちろん、そんな無理をお願いするわけだから、今回は、印税を全額前払いで振り込むから、やってくれない⁉」

そうして、引き受けたところ、そのお金は、直ちに振り込まれることに！

しかし、こんなことは、めずらしいこと‼　ふつう印税は、本が完成したあとに支払われることになっているからです！　もう、例外中の例外です！

しかも、入ってきたお金は、わたしが魔法のコールで宇宙に伝えた数字の、なんと、何倍もの金額‼

そして、本当なら、なんの入金予定もないまま今期を終わろうとしていた状況が一変し、結局、決算までに、期の始めに自分が言ってた金額を大きく上まわる形でお金が入ってきたわけです！　それには、税理士もびっくりしていました。

「えっ!? あのとき、〝このあと、もう仕事も振込予定も、特にないです〟とおっしゃっていたのに、こんな急展開があったんですね、すごい！」と。

また、あるときは、こんなことがありました。


実は、うちの会社は海外コスメの販売代理店も行っているのですが、その日本本社とのコラボ企画で、オリジナル製品を作ってはどうかという話がきたのです。

その費用は約５００万円。

しかし、これまた、突然やってきた話なので、その分の予算をうちの会社では確保していませんでした。

それゆえ、また、こう、魔法のコールをしてみたのです。

「５００万！　５００万！　５００万！」と。


すると、どうなったと思います!? これは、意外な展開となり、とてもおもしろいこととなったのです！

実は、ある日、日本本社の社長が海外本社に連絡して、「日本のベストセラー作家の先生とのコラボで、ヨーロッパでヒットしたハーブのコスメをオリジナルで再販したいから許可をください。そして、製造をお願いしたい」と。

すると、数日後、日本本社から、こんな連絡がきたのです!

「なみさん、驚かないでね。いいニュースよ♪　なんと、わたしたちのために、海外本社がコラボ製品を製造してくれるの!!　しかも、おもしろい製品になりそうだから、先行発売でわたしたちがまず販売して、そのあと、代理店から全国のサロンにも卸せるようにしましょう!　と。しかも、その費用を海外本社が全額持ってくれるというのよ!!　なんて、ラッキーなの♪　わくわくするわ!!」と。

そうして、用意する必要のあった、コラボ企画のための500万円は、もう、まったく用意する必要がなくなっただけでなく、製品は美しい海外パッケージに包まれ、誕生し、発売後すぐに完売!　思いもよらぬ大きな報酬を得ることになったのです!!

お金を呼び出す魔法のコールを行うとき、ときには、お金そのものではなく、お金を用意してしようと思っていたすべてのことが、いきなり、突然、用意してもらえ、お金を用意せずとも何かが叶い、その上、そこから新たな売り上げまで生まれるという、なんとも豊かで、ありがたい現実が、プレゼントされることもあるのです♪

魔法のコールは、魔法なだけあって、あなたにわくわくする、よろこばしい結果を、あなたの知らない夢のような形で与えてくれるものです！

さっそく、あなたも試してみて♪

この疑似体験が、札束を出現させる！

2週間で、めざす大金を得た女性のおもしろい行為☆それは、なに⁉

ここに、前項の「魔法のコール」同様、素晴らしく効果的に、必要とするお金をもたらすある疑似体験行為があります！

その疑似体験行為とは、ズバリ、イメージの中で「札束を数える」というものです！

たとえば、あなたが必要としているお金が１００万円だとしたら、イメージの中で、その帯のかかった１００万円の札束をまずはしっかり手でなでなでし、次に帯をほどき、ゆっくりよろこばしく、数えてみてください。

数えるとき、指にはさんで、１、２、３、４……と数えてもいいし、目の前に、

1枚ずつ並べて数えてもいいでしょう。

イメージの中でも数えられるわけですが、もっとリアルな疑似体験がしたいというならば、新聞紙かチラシかコピー用紙を1万円札の大きさにカットしたものを100枚つくり、それを数えるといいでしょう！

これ、本当にすごい効き目があるのです！
たった、これだけのことで、なぜか、不思議と奇跡のような展開が起こります！

お金を数えるというこの行為は、そのまま、結果の世界を〝予行演習〟していることにもなるからです。〝予行演習〟は、追って本番があることが大前提であり、それゆえ、本番が続いてやってきて、あなたは本当に札束を数えることになるのです！

とにかく、お金を、鮮明で、ありありとしたイメージの中で数えたり、実際に、手の感触にしたりすることで、宇宙はその感覚を素早くキャッチし、スピーディーにこの現実に札束を出現させるのです！

もちろん、わたしは、これを、実際に、何度もやっております♪

ほんとにおもしろいほど、そのお金を数える現実がポンッとやってきます！

実は、このお金を数えるという疑似体験行為は、わたしが銀行員だった頃、新人研修で毎日毎日していたことでもあります。

新人研修の際、おもちゃのお札を３００万円分くらい渡され、それで、お札を数える練習をするわけです。

わたしはその研修が、おもしろくて、おもしろくて、なりませんでした。

研修の中で、講師もいちいち、こんなふうに云うからです。

「さぁ、皆さん、いまから１００万円を数えましょう」「次は、３００万円」などと。

さて、あるイラストレーターの女性は、引っ越し資金70万円を必要としていました。もうすぐ、物件の更新月がくるので、できれば、これを機に、もっと手頃で、素敵なところに引っ越したいと。しかし、その時点では、あまり貯金をしていませんでした。

それで、どうしようかと……

その際、ふと、前にわたしのセッションに来たときに、この札束を数える疑似体験行為がおもしろいという話を聞いたのを思い出し、さっそくイメージの中で、70万円を数えてみたのです。

すると、その後、なにが起こったか⁉

彼女のところに1本のメールがきたのです。そこには、自分も覚えていないくらい昔にした仕事のことが書かれてあり、未払となっていたギャランティが80万円あったことがわかり、大変申し訳ないという先方の謝罪の言葉と、今月末にお振込みいたしますという内容があったのです。

そうして、彼女は、たんに、頭の中で、70万円を数えただけで、それを超えた金額のお金を、突然、この現実に出現させたのです！

これこそが、宇宙のお取り計らいです♪

それが、**宇宙のお取り計らいである証拠は、「なぜ、いまなの？」という、絶妙なタイミングで、自分に都合のいい形で、必要なお金がいきなり、やってくるからです！**

ちなみに、流れとタイミングは、宇宙にしかつくれないものであると、他の項でもお伝えしましたが、まさに宇宙は、こちらの望むお金を期日通りに届けてくれる「タイミングづくりの名人」なのです。

イメージや感覚を通して、お金を数えるとき、あなたは、すでに〝持っている〟ことになり、その感覚が、宇宙に〝現物のお金〟を催促するものとなり、実際に、あなたは、その〝数えたお金〟を充分有り余るほどの形で、与えられることになるのです！

思いもよらぬ展開を呼ぶ「脳内リセット」

そのお金はどこからくるのか⁉ わからないままで、いいのです

さて、この本を読んでいる人の中には、「お金を望め、必要な金額を宇宙銀行に告げろ！　と言われても、そんなもの望んだところで、ほんと、いったい、どこからお金がくるのかしら？　しかも、望んだところであてもなく」と思う人もいることでしょう。

しかし、心配無用です！

〝あて〟は、これから、宇宙がつくるわけですからねえ〜。

しかも、「宇宙銀行」のほうとしては、〝望んだ人に、与える〟〝望まれなければ、与えられない〟というシステムがある限り、望まないと、それはやってきません。

が、あなたの言う通り、そのお金がいったいどこからくるのかを、あなたも知らないし、わたしも知らないし、実は、それでいいのです。

宇宙独特のやり方でやってくるわけですからねぇ～、そのお金は。人智であらかじめ、知ることはできません。

それゆえ、お金を望み魔法のコールで「100万、100万、100万!!」と唱え、イメージの中でお札を数えたら、こう思っておくといいのです。

「必要なお金が、どこから、どのように、やってくるのか、いまのわたしには、さっぱりわかりません。

ただ、わかっている確かなことが一つだけあります！　それは、〝宇宙は、必ずやり遂げてくれる♪〟ということです！　そして、わたしは、そのお金をよろこんで受け取ることになります。そのことに、いま、ここで、感謝します。宇宙さん、お金をありがとうございます♪」

なにを隠そう!!　実は、この、「さっぱりわかりません」という〝お手上げの状態〟であるサレンダーと、〝宇宙は必ず、やり遂げてくれる♪〟という全幅の信頼が、あなたの中の混乱した思考や、さっきまでお金をなんとかしなくてはと焦っていた気持ちや、不安や恐れを、一瞬で、消し去り、「脳内リセット」し、マインドを、潜在意識を〝真空〟にし、あなたの人生に奇跡を起こす魔法を生み出すものとなっていたのです！

「さっぱりわかりません」とお手上げしつつも、心の底では「やってくれるだろう」と宇宙を信頼しているとき、あなたの中にも宇宙の中にも、邪魔するものが何一つありません。

そのとき、宇宙はあなたのために、むしろ、仕事がしやすい状態になり、あなたはわからないのに、宇宙はわかっており、それゆえ、そのお金が、あなたにとってはわからなかった、まったく思いもよらなかった回路から出現することになるのです！

結果から生きる♪

「お金ができたら、これをしたい」ということに、いますぐ着手する！

宇宙に望んだお金や富や理想状態をうまく手にしたいというのなら、それを得た「結果」から、いまを生きることです。

すなわち、それは、そのお金を得たら、〝こうしよう〟ということに、いまから、もう、かかわったり、取り入れたりしながら、日常を過ごすということです。

お金を得たらどうするのかは、もう、すでにあなたの中にあるはずだからです！

わかっておきたいことは、「結果」を追いかける自分でいるのと、〝もう、そうなっている♪〟という「結果」からいまを生きるのとでは、途中経過も、最終的に手にするものも、まったく違ってくる！　ということです。

既にそうなった「結果」からいまを過ごすとき、日々のあなたの言動は、その「結果」にふさわしいものとなり、「結果」までのすべての道筋も逆算して見えてくるものであり、かえって生きやすくなります！

たとえば、大金が手に入ったら、豪邸を買おう!!　というのなら、豪邸のためのお金を必死で追いかけるのではなく、いま、もう買った豪邸に住んでいる人として、日々を過ごすといいのです。

そうなると、部屋に置きたいインテリアやカーテンをいまのうちに見に行っておこうとなるものです。それは別にカーテンでもなんでもいいわけですが、「結果」の現実であなたがしているであろうことを、いま、するといいわけです。

たとえば、あなたが豪邸を買ったときに、部屋の窓にかけるのは高級オーダーカーテンだ！　と決めているというのなら、それをいま選んでおくことくらいは、かんたんにできますし、可能ならば、そのカーテンをもう買ってしまい、いま住んでいる自分のマンションの部屋にかけることもできます。

実際、豪邸を買って、いま、そこにすでに住んでいたとしたら、「そうそう。窓のカーテンを変えたいわ。高級オーダーカーテンにしようかしら♪」と、なるだけです。そういうことをいまやるということです。

しかも、そのオーダーカーテンが、豪邸にかかっているのか、いま住んでいるマンションの部屋にかかっているのかを、宇宙は区別できません。

ただ、あなたが、豪邸の象徴として、高級オーダーカーテンをみたならば、宇宙もそうみるだけなのです！

しかも、高級オーダーカーテンがそこにあるという認識から、宇宙はすでにあなたが豪邸の中にいるのだと錯覚します。そして、その錯覚から宇宙は、今度は、現実のこととして、豪邸をあなたの人生に再現しようと働きだすのです！

なぜって、それが、宇宙のやり方だからです♪

あるとき、わたしは、〝理想の豪邸に住んだあかつきには、前に輸入住宅展示会でもらったパンフレットに載っていたフランス生地の美しい花柄カーテンをかけよう〟と思っていました。

それは、とてもロマンチックで、ゴージャスで、見た瞬間、魅了されたほどでした。

そして、あるとき、こう思い立ったのです！

「そうだ！　どうせ宇宙のお取り計らいで、必要なお金がやってきて、それは叶うことになるのだから、先にカーテンだけでもオーダーしておこう♪

いま、それがわたしの部屋にかかっていても、ぜんぜんいいし、むしろ、優雅でいい気分になるはずだ♪」と。

そして、さっそく、パンフレットで紹介されていた輸入カーテンのお店に電話し、「来店予約」を入れ、行ったのです！

すると、お店には、さらに素敵なものが、目移りするほど、たくさん、たくさん、ありました。が、やはり、あの、ひとめぼれした花柄のカーテンをオーダー

することにしたのです♪

もちろん、その時点では、まだ、わたしは豪邸を買っていないし、買うための十分な資金も用意していませんでした。

しかし、「すでに豪邸住んでいるつもり♪」という、おめでたい発想になって、ルンルン気分でカーテンを買ったわけです！　それは、2週間で仕上がり、自宅に届きました。

早々に、それを部屋にかけると、たちまち、部屋のムードが華やかに変わり、いきなりリッチなゴージャス感があふれ出し、うれしい高揚感に包まれ、自分の部屋がすっかり憧れの豪邸のように♪

その部屋のムードを気に入って過ごしていると、なぜか、突然、大きな仕事がいくつも入り、多額のギャランティを受け取ることになったのです！

そして、それを資金にし、わたしは、理想にぴったりの家に、住むことになったのです！

あなたも、結果から日常を過ごしてみてください。その結果の世界にある、どんな些細なものでもいいので、いまの日常に取り入れてみるのです。

すると、それは、やがて出現するしかなくなります。

いつでも、あなたが「結果」から生きるとき、宇宙をぞくぞく刺激し、それを本物にする強力な魔法の力を発揮させます！

使うことも楽しみなさい♪

どんな気持ちでお金を扱うのか☆
その扱い方で、お金の返りが違う！

楽しく、わくわく、よろこんで、お金を使うとき、あなたは楽しく世の中にお金を循環させていることになり、そのエネルギーはハッピーに拡大された形で、あなたのところに楽しそうに返ってきます！　そう、リズミカルに、何度でも♪

お金はいつでも、自分を好きでいてくれて、良いものだと認めてくれ、得るのも使うのもよし！　とし、楽しく、よろこんで、いい気分で、自分を扱ってくれる人が大好きで、そういう人のそばにいたいと思うものです。

逆に、お金を悪いものであるかのように扱ったり、イヤな気分や、欠乏感いっぱいの使い方をしたりすると、戻ってきてくれません。

お金はいつでも豊かな気持ち・いい気分・好意的に扱われてこそ、あなたを気

分よく豊かにしてくれるのです。

さて、この世の中には、お金を得ることに後ろめたい気分になる人や、得た自分のお金でさえ、よろこんで使うのをためらう人がいるものです。また、もっとほしいと思うことなど、悪いことでしかないと、罪悪感を覚える人も。

しかし、お金は、この人生を最後まで生きるのに必要不可欠なものであり、便利な道具であり、とてもいいもの、価値あるものです！　むしろ、お金があることで、さまざまなよろこばしいことも体験できるのです。

それゆえ、お金は、札束として寝かしておいても、あまり意味がありません。

お金は、使うことで真価を発揮するものであり、使うことで循環し、拡大させることができ、さらに大きく得ることができるようになるものだからです！

また、お金を使うたびに、「なくなった」「失った」「とられた」と、ネガティブな取り方をする人がいるものですが、本当は、そのお金を使って、そのとき、なにかを買ったり、なにかを得たり、なにかを経験したり、他のものを生み出したり、何かが形になったりしているはずなのです。

お金と等価交換で、いやそれ以上の価値として、得たものや、手元に残ったものがあるはずなのです。そのことの素晴らしさをわかることが大切です。

使うとき、同時に他の良いものが入ってくるのであり、世に循環させていることになるのだとわかる人は、お金を得るのも、使うのも、まわらせるのも、上手な人でいられるもの♪

すでにある☆その驚くべき暗示効果!!

お金と豊かさのカギは「満たされた現実」の波動と同調すること

宇宙銀行からうまくお金を受け取る人でいたいなら、いつでも、ほしいお金は「すでにある」と、思うことです。

そうお伝えすると、「お金がないときに、〝ある〟などと思うことはできない！」という人もいることでしょう。しかし、だからといって、〝ない！　ない！　ない！〟と言っていると、〝ない！〟という状態が、さらに引き寄せられてくるだけです。

それゆえ、こう思うといいのです！

「わたしは、宇宙銀行にお金を10億円預けている！
しかし、それは、まだ満期を迎えていないので、降りてきていないだけだ。

けれども、必要なときは、降りてくるようになっていて、
わたしはなにも困らない！」と。

実際、銀行に10億円あずけている人は、財布やかばんにそんな大金を入れて持ち歩きません。然るべきところに預け、保管し、財布には必要なカード何枚と、数万円から数十万円くらいが入っているだけです。

お金持ちの財布の分厚さと、あなたの財布の分厚さは、なにも変わらないのです。

とにかく、**「ある」と思うことで、宇宙は、「ある」という感覚を再現すべく、あなたの必要とするお金を独自のやり方で、タイミングよく、ポンッと与えてくれます！**

たとえ、まだなにも手にしていなくても、あなたが先に「すでにある！」「宇宙銀行にたんまり貯めている！」とし、安堵するとき、続いて安堵する結果がや

ってくるのです！

また、**「すでにある！」「宇宙銀行に預けている！」と、思うと、あなたの心に〝余裕〟が生まれます。**

その余裕は、あなたを静かな快適さの中で微笑ませることになります。

そして、その余裕は、心をオープンにさせてくれ、いまなにをすればいいのかや、ここから豊かになる可能性はどこにあるのかや、見出すべきチャンスをうまく見出させることになります！

また、余裕は、あなたにすべきことをするためのエネルギーをたっぷりくれるものとなります。前向きな言動をさせ、そのおかげで、すべての状況をたやすく好転させ、得るべきものをうまく得られるようにしてくれます。

余裕ある状態でいてはじめてあなたは、いろんなことにすんなり働きかけられる人でいられ、宇宙を動かす人でいられ、ひとを動かす人でいられ、状況を動かせ、必要な変化を起こし、望む結果を叶えられる人になるのです！

そのとき、宇宙は、あらゆる回路から、お金になる仕事やチャンスや、お金そのものを、余裕であなたに引き渡すのです！

富がなだれ込む！　不思議な言葉

この言葉を伝えるとき、あらゆる回路から、お金がやってくる！

「宇宙銀行」は、いつでも、あなたからのお金の引き出し要請や、おねだりを待っています。しかも、次のような言葉をあなたがつぶやく習慣にあるとき、望まれずとも、先に、「宇宙銀行」のほうから、〝無限の宝庫〟にあるお金を、ふんだんに日常に降ろすことができます！

気が向くたびに、わくわくつぶやいてみましょう。また、手帳に書いておくだけでも、効果的♪

『お金はいいもの、それは、非常に良いものです♪
この人生を生きていくうえで、なくてはならない貴重なものであり、
尊く、大切にすべきものです。

この道具があるおかげで、いろんなものが買え、いろんなことを学べ、いろんな経験ができ、いろんな価値あるものを得ることができます。
それゆえ、わたしは心から、このお金という存在を大切にし、感謝いたします。
そして、わたしは、感謝を通して、さらに恵まれ、満たされます！』

✴

『わたしは、宇宙銀行に10億円預けています！
それは、まだ使いみちが決まっていないので、引き出ししないだけです。
いつでも、そこにあるとわかっているので、
わたしの心はとても豊かで、いつも安堵しています♪
必要なときにはいつでも手元にやってくることができるこのお金と、
宇宙の尽きぬ豊かさをありがとうございます!!』

✴

『わたしには好きなときに、好きなだけ、
自由に使える莫大なお金があります。
それは使っても、使っても、使いきれないほどで、
なおも余剰を生み出すほど、新たに入ってきています！

それゆえ、わたしは安心してお金を使うことができます♪

また、よろこばしく使うことで、よろこばしく富をこの世の中に循環させ、循環させることで、再度、自分に入ってくるお金の流れを拡大化させています。

そして、この宇宙のマネーシステムには、大満足しています。

宇宙さん、無限ループの入金をありがとうございます♪』


『わたしには、自分一人では数えきれないほどのお金、自分一人では使いきれないほどのお金が、うなるほどあります!!

それゆえ、わたしは、この大きすぎる余剰を、自分以外の他者のためにもふんだんに使うことができ、世界各国どこにでも寄付することもでき、社会に役立つことに貢献することができます。

そして、このような豊かな行為を差し出せる自分の人生の豊かさをとても愛しており、大いに感謝しています。

宇宙さん、わたしをお金持ちにしてくれて、ありがとうございます!』

✳『大いなる宇宙は、いつでもわたしたちを助けよう、富ませようとしており、いつ、いかなるときでも、必要なものを、必要なタイミングで与えてくれる大いに豊かな〝無限の供給源〟であり、〝尽きぬ宝庫〟です！

そして、こうして、わたしたちが今世、この人生を生き通すために必要なお金や富だけでなく、それ以外のすべての人や物や状況や出来事や恩恵までも、惜しみなく与えてくれるものであり、いつでもわたしたちは大切に扱われ、手厚くケアされ、しっかり守られているものです！

その宇宙の、大いなる豊かな愛のおかげで、わたしたちは、いま、ここにいることができますこと、本当にうれしく、ありがたく思います。

宇宙の慈愛に満ちたやり方を思うとき、涙が出るほどありがたく、感謝するしかなくなります。本当にありがとうございます。

宇宙は豊かで、それゆえ、わたしたちも豊かでいられるのです！』

さて、気になるときに、このおめでたくリッチな言葉を唱えてみてください。
豊かさの波動に共鳴し、あなたは益々豊かにならざるをえなくなります！

富を理解する「あとがき」

〝なにもない☆そのことの豊かさを知る〟
真の豊かさは、なにもないところから生まれる不思議なもの！

たとえば、あなたからなにかを求めずとも、宇宙銀行のほうから、あなたにふんだんにお金や富やあらゆる豊かさを与えてもらえる方法があります。

それは、〝なにもない〟ことの豊かさを感じることができる人になることです。

ふつう、〝なにもない〟というのは、欠乏状態であるかのように受け取られるものです。しかし、そうではありません。

〝なにもない〟という状態は、「空《くう》」という尊い状態なのです！　それは、〝なにもない〟と同時に、〝すべてある〟という、無限の状態に通じるものであり、尽

きぬ豊かさの原点なのです。

このことがわかると、なにかを持っている・持っていないということを超えたところで、感謝ができるようになり、真に豊かな人となれます。

また、宇宙は、いつも、この〝なにもない〟という「空」に反応するもので、その「空《あ》きスペース」を善きもので埋めるために、せっせと働くものなのです！

たとえば、あなたが両手いっぱいになにかを持っていると、それ以上、なにも持てません。しかし、あなたがその手になにも持っていないとき、なにかを持つことはかんたんにできます。また、空っぽの器を用意するとき、そこにはなんでもすんなり入れることができます。

〝なにもない〟というのは、嘆《なげ》くべきことではなく、むしろ、ここからすべての善きものや宝物を持つことができるという、大いによろこぶべきものだったのです！　すべての必要をここからいくらでも満たせる、豊かな状態だったのです！

〝なにもない〟という「空」の豊かさを理解できたとき、あなたは、いつ、どこにいても、何度、空っぽになっても、すぐに必要を満たし、すべてを受け取れる人になれるのです！

2024年　3月

ミラクルハッピー　佳川奈未《よしかわなみ》

佳川奈未　最新著作一覧☆

◇『「宇宙銀行」から好きなだけ♪お金を引き出す方法』　ヒカルランド
◇『願いが叶うスピリチュアルシークレット』　ヒカルランド
◇『宇宙は「現象」を通してあなたに語る』　ビジネス社
◇『「神様」はこうしてあなたを導いている！』　ビジネス社
◇『「白蛇さま」が教えてくれた☆お金に恵まれる生き方』　ビジネス社
◇『佳川奈未の霊界通信☆』　ビジネス社
◇『あなたの願いがいきなり叶う☆「ヴォイドの法則」』　ビジネス社
◇『「お金」は、スピードに乗ってやってくる！』　ビジネス社
◇『人生が整う「ひとり時間」の過ごし方☆』　ビジネス社
◇『自分の病気は自分で治す！』　ビジネス社
◇『成功チャンネル』　マガジンハウス
◇『幸運予告☆世界一ハッピーなこれが本当の惹き寄せの法則』　マガジンハウス
◇『幸運 Gift ☆』☆作詞家＆歌手デビューシングル CD 付　マガジンハウス
◇『恋愛革命』　PHP 研究所
◇『「運命の人」は探すのをやめると現れる』　PHP 研究所
◇『望みのすべてを必然的に惹き寄せる方法』　PHP 研究所
◇『船井幸雄と佳川奈未の超★幸福論』　ダイヤモンド社
◇『運のいい人がやっている「気持ちの整理術」』　講談社
◇『怒るのをやめると奇跡が起こる♪』　講談社
◇『大自然に習う古くて新しい生き方　人生の教訓』　青春出版社
◇『ほとんど翌日　願いが叶う！　シフトの法則』　青春出版社
◇『ほとんど毎日　運がよくなる！　勝負メシ』　青春出版社
◇『お金持ちが持っている富の循環☆スピリチュアル・マネー』　青春出版社
◇『「いいこと」ばかりが起こりだす　スピリチュアル・ゾーン』　青春出版社
◇『約束された運命が動きだす　スピリチュアル・ミッション』　青春出版社
◇『あなたの意のまま願いが叶う☆クォンタム・フィールド』　青春出版社
◇『あなたの内なる神の声を聞く方法☆』　青春出版社
◇『願いはあなたのお部屋が叶えてくれる』　青春出版社

※佳川奈未のその他の著書、個人セッションや講座等は、
公式サイトをご覧ください。
★佳川奈未公式☆奇跡が起こるホームページ
http://miracle-happy.com/

★佳川奈未公式オフィシャルサイト
『ミラクルハッピーなみちゃんの奇跡が起こるホームページ』
http://miracle-happy.com/

★佳川奈未プロデュース☆　本とセレクトグッズの公式通販サイト
『ミラクルハッピー百貨店』HP
http://miraclehappy-store24.com/

★佳川奈未の個人セッション・電話de鑑定・各種講座が受けられる！
佳川奈未プロデュース＆主宰☆心と体と魂に優しい生き方を叶える！
『ホリスティックライフビジョンカレッジ』HP
http://holistic-life-vision24.com/

★佳川奈未インスタグラム
https://www.instagram.com/yoshikawanami24/

★佳川奈未　公式オフィシャルブログ（アメブロ公式）
https://ameblo.jp/miracle-happy-ny24/

佳川奈未　よしかわ なみ
作家・作詞家。神戸生まれ、東京在住。

株式会社クリエイティブエージェンシー　会長。

「心」と「体」と「魂」に優しい生き方を叶える！

「ホリスティックライフビジョンカレッジ」主宰。

心の法則、大自然の法則、宇宙の法則をベースに、生き方・願望実現・お金・恋愛・成功・幸運をテーマにした著書の単行本、文庫本、ムック、コミック原作本、電子書籍、POD ブック、DVD 付ブック、トーク CD など、その豊富な作品数は、約360点（2024年３月現在）。海外でも多数翻訳出版されている。

アンドリュー・カーネギーやナポレオン・ヒルの「成功哲学」「人間影響心理学」、ジョセフ・マーフィー博士の「潜在意識理論」などを30年にわたり研鑽。

また、「易経」「運命学」などの研究も続けている。

それらの学びと実践から独自の成果法を確立させ、「夢を叶える自己実現」「成功感性の磨き方」「幸せな生き方」「豊かになる方法」を展開。人々の理想のライフワーク実現のサポートに取り組んでいる。

執筆活動の他、ディナーショーや公演、講演、セミナー、トークショー、音楽ライブ、音声配信番組などでも活躍。

エイベックスより「幸運 Gift ☆」で作詞と歌を担当し、作詞家＆歌手デビューも果たす（デビュー曲はエイベックス＆マガジンハウス夢のコラボCD付Book『幸運 Gift ☆』として発売)。JASRAC 登録作詞家。


精神世界にも大いに精通。

2009年には、高野山真言宗のお寺にて得度。

大阿闍梨より、僧名：慈観（じかん）を拝受。

レイキ・ヒーラー。エネルギーワーカー・チャネラー。

ホリスティック・レイキ・マスターティーチャー。

慈善事業にも理解を示し、国内・海外問わず、印税の一部を価値ある団体に寄付し続けている。

また、主宰する「ホリスティックライフビジョンカレッジ」にて、個人セッション・電話 de 鑑定・各種講座を開催。

近著に、『「帝王学」をみかたにつける超☆開運法』『佳川奈未の霊界通信☆』『「白蛇さま」が教えてくれた☆お金に恵まれる生き方』（以上、ビジネス社)、『あなたの意のまま願いが叶う☆クォンタム・フィールド』『お金持ちが持っている富の循環☆スピリチュアル・マネー』（以上、青春出版社）など、多数あり。

本書は、2013年1月に刊行された『「宇宙銀行」から好きなだけ♪お金を引き出す方法』（ヒカルランド）に大幅加筆修正した増補新版です。

復活新版
「宇宙銀行」から好きなだけ♪お金を引き出す方法☆

第一刷 2024年3月31日

著者 佳川奈未

発行人 石井健資

発行所 株式会社ヒカルランド
〒162-0821 東京都新宿区津久戸町3-11 TH1ビル6F
電話 03-6265-0852 ファックス 03-6265-0853
http://www.hikaruland.co.jp info@hikaruland.co.jp
振替 00180-8-496587

本文・カバー・製本 中央精版印刷株式会社

DTP 株式会社キャップス

編集担当 岡部智子

ISBN978-4-86742-353-0